Roland Granobs
Jürgen Reinsbach

Latein

Grammatik

POCKET TEACHER

Cornelsen
Power Learning

Die Autoren:
Dr. Roland Granobs unterrichtet Latein und Deutsch an einem Gymnasium
Jürgen Reinsbach unterrichtet Latein an einem Gymnasium und ist Dozent für Didaktik des Fachs Latein.

Für die 5. Auflage wurde der vorliegende Band aktualisiert.

Cornelsen online http://www.cornelsen.de

Bibliografische Information: Die Deutsche Bibliothek verzeichnet diese Publikation in der Deutschen Nationalbibliografie; detaillierte bibliografische Daten sind im Internet über http://dnb.ddb.de abrufbar.

Dieses Werk berücksichtigt die Regeln der reformierten Rechtschreibung und Zeichensetzung.

9.	8.	7.	6.	5.	Die letzten Ziffern bezeichnen
09	08	07	06	05	Zahl und Jahr der Auflage.

Redaktion: Heike Friauf, Berlin
Satz und Herstellung: THH, Frankfurt am Main
Reihengestaltung: Julia Walch, Bad Soden; Magdalene Krumbeck, Wuppertal
Illustrationen: Klaus Puth, 63165 Mühlheim
Umschlagentwurf: Bauer + Möhring, Berlin; Rainer J. Fischer, Berlin
Druck und Bindearbeiten: Clausen & Bosse, Leck
Printed in Germany
ISBN 3-589-22103-8
Bestellnummer 221038

Gedruckt auf säurefreiem Papier,
umweltschonend hergestellt aus chlorfrei gebleichten Faserstoffen.

Inhalt

Vorwort 6

Aussprache und Betonung 7

Die Nomen 9

Die Deklinationen 9
Die a-Deklination 10
Die o-Deklination 11
Die e-Deklination 13
Die u-Deklination 14
Die i-Deklination, die konsonantische und die gemischte Deklination 14

Steigerung der Adjektive 17

Adverbien und ihre Steigerung 19
Bildung der Adverbien 19
Steigerung der Adverbien 20

Pronomina 21
Personalpronomina 21
Demonstrativpronomina 23
Possessivpronomina 25
Das Relativpronomen 26
Interrogativpronomina 26
Indefinitpronomina 27

Zahlwörter 28

Das Verb 30

Die Personalendungen 32

Präsens- und Perfektsystem 33
Das Präsenssystem 33
1. Konjugation (Stamm auf a) 35

2. Konjugation (Stamm auf e) 38
3. Konjugation (Stamm auf i) 41
4. Konjugation (Stamm auf Konsonant) 43
5. Konjugation (Mischgruppe bzw. „Kurz-i"-Konjugation) 46
Das Perfektsystem 48
Stammformen 50
Konjugation des Perfektsystems 50

Die Verben esse, posse, prodesse, velle, nolle, malle, ire, ferre, fieri 55
Das Hilfsverb esse 55
Das Verb posse 58
Das Verb prodesse 60
Die Verben velle, nolle, malle 61
Das Verb ire 63
Das Verb ferre 64
Das Verb fieri 66

Deponenzien und Semideponenzien 67

Die Nominalformen des Verbs 71
Die Infinitive 71
Die Partizipien 72
Das Gerundium 73
Das Gerundivum 74
Das Supinum 75

Satzlehre 76

Wortarten und Satzfunktionen 76
Prädikat, Hilfsverb und Prädikatsnomen 78
Subjekt 80
Attribut 81
Adverbiale Bestimmung 82
Prädikativum 82

Kasusfunktionen 83
Nominativ 83
Genitiv 83
Dativ 85
Akkusativ 87
Ablativ 89
Kasus bei Präpositionen 92

Nominalkonstruktionen 93
Der Infinitiv als Subjekt und Objekt 93
Der AcI 94
Der NcI 100
Das Partizip 101
Das Participium coniunctum 102
Der Ablativus absolutus 104
Gerundium und Gerundivum 108
Das Supinum 111
Hauptsätze 112
Aussagesätze 116
Fragesätze 116
Wunsch- und Aufforderungssätze 118
Nebensätze 120
Zeitverhältnisse 122
Abhängige Subjekt- und Objektsätze 125
Adverbiale Nebensätze 127
Relativsätze 133
Oratio obliqua (indirekte Rede) 136

Tipps für die Übersetzung 137

Stichwortverzeichnis 141

Für die Partizipien sind verschiedene Abkürzungen in Gebrauch. Dieser Pocket Teacher verwendet PPP, PPA und PFA:
PPP = Partizip Perfekt Passiv
PPA = Partizip Präsens Aktiv
PFA = Partizip Futur Aktiv

Vorwort

Liebe Schülerinnen, liebe Schüler!

Der handliche POCKET TEACHER bringt euch viele Vorteile: Er informiert knapp und genau. Regeln, Erklärungen, Beispiele, Tabellen – alles ist übersichtlich geordnet und leicht verständlich.

Auf Regeln und Merksätze weist dieses Zeichen hin.

Lerntipps helfen bei besonders schwierigem Stoff.

Ihr könnt die gewünschten Infos am schnellsten über das Stichwortverzeichnis am Ende jedes Bandes finden. – Stichwort vergessen? Dann schaut ihr am besten ins Inhaltsverzeichnis und sucht im entsprechenden Kapitel nach dem Wort. Im Text eurer POCKET TEACHER findet ihr viele farbige Pfeile. Diese verweisen auf andere Stellen im Buch.

Beispiel: PPP ↗ S. 72. Das heißt, das Partizip Perfekt Passiv (PPP) wird auf Seite 72 ausführlich erläutert.

Der POCKET TEACHER Latein erklärt die Grammatik, die ihr ab dem 1. Lernjahr braucht. Er ist ein nützlicher Begleiter für alle Lernjahre und gibt – ganz nebenbei – viele Hinweise für eine gelungene Übersetzung lateinischer Texte.

Beachte: Natürlich kann die POCKET-TEACHER-Reihe ausführliche Schulbücher mit Übungen und Beispielen nicht ersetzen. Das soll sie auch nicht. Sie ist eure Merkhilfe-Bibliothek für alle Gelegenheiten, besonders für Hausaufgaben oder für die Vorbereitung auf Klassenarbeiten.

Aussprache und Betonung

Aussprache

Wie du sicher schon gemerkt hast, ist das lateinische Alphabet dem deutschen sehr ähnlich. Die klassische Aussprache des Lateinischen (die des ersten Jahrhunderts vor Christus) weicht von der deutschen in einigen Fällen jedoch ab. Hier die wichtigsten Ausspracheregeln:

c spricht man immer wie **k** aus, auch vor e und i. Der Redner und Politiker Cicero spricht sich also *Kikero*.

i spricht man vor einem Vokal fast immer als **j** (wie bei iam – schon) oder **ij** (wie bei etiam – auch), zwischen Konsonanten jedoch als einfaches **i** (wie bei amīcus – der Freund).

s wird immer **scharf** gesprochen, nie als sch. Das Wort stare (stehen) spricht sich also *s-tare*.

ti wird immer **ti**, nicht zi gesprochen. Das Wort ratiō (die Vernunft) spricht sich also *rat-i-o*.

v wird immer als **w** gesprochen. Das Wort vīvere (leben) spricht sich also *wiwere*.

Betonung

Beispiel:

Puélla áquam frígidam nōn tímet. – Das Mädchen fürchtet das kalte Wasser nicht.

Die folgende **Grundregel** solltest du dir gut einprägen:

Bei lateinischen Wörtern wird immer die drittletzte oder die vorletzte Silbe betont, die vorletzte aber nur dann, wenn sie lang ist.

Auf **zweisilbige** Wörter lässt sich diese Regel sehr einfach anwenden: Die erste Silbe ist zugleich die vorletzte und muss daher betont werden (státim – sofort, sémper – immer).

Bei **drei- und mehrsilbigen** Wörtern musst du herausfinden, ob die vorletzte Silbe lang ist (und damit betont wird).
Dies ist der Fall

- bei **naturlangen** Silben: Naturlange Silben sind im Wörterbuch durch einen Längenstrich gekennzeichnet, Doppellaute (Diphthonge) sind immer lang.

Beispiele:

nātūra – die Natur
sa͞eculum – das Zeitalter

- bei **positionslangen** Silben: Auf einen Vokal folgen zwei oder mehr Konsonanten. Die Konsonanten **l** und **r** an **zweiter** Stelle bewirken allerdings nicht immer eine Positionslänge.

Beispiele:

furné**str**a – das Fenster
téne**br**ae – die Dunkelheit

Die Nomen

Die Deklinationen

Die lateinischen Nomina bestehen grundsätzlich aus zwei Teilen, einem bedeutungstragenden Teil (Wortstamm) und einem grammatisch wichtigen Teil (Endung), der auf den Kasus, den Numerus und das Genus hinweist.

Im Lateinischen werden die Deklinationen nach der Endung des Wortstammes benannt. So gibt es die a-, o-, e-, u- und i-Deklination, deren Stamm auf diese Vokale endet. Bei der konsonantischen Deklination endet der Stamm auf verschiedene Konsonanten.

Im Gegensatz zum Deutschen kennt das Lateinische keinen Artikel. Du musst daher jeweils nach dem Zusammenhang entscheiden, ob du für die Übersetzung einen bestimmten oder unbestimmten Artikel wählst.

Beispiel:

Amīcum exspectāmus.	Wir erwarten **den** Freund.
	Wir erwarten **einen** Freund.

Einige Lerntipps vorweg

! Zunächst solltest du dir einige Grundregeln der Formenbildung bei den Deklinationen einprägen. Das vereinfacht das Lernen erheblich, da es viel „Kleinarbeit" erspart!

- Der **Vokativ** ist in allen Deklinationen mit dem Nominativ formengleich und wird daher bei der Auflistung der Deklinationen nicht gesondert erwähnt (Ausnahme: o-Deklination).

- Bei allen **Neutra** sind im Singular und Plural der Nominativ und der Akkusativ jeweils formengleich. Im Plural enden beide Fälle immer auf **-a**.
- Zu welcher Deklination ein Wort gehört, zeigt sich oft nicht am Nominativ, sondern erst am **Genitiv**. Deshalb ist es wichtig, bei den Nomina neben dem Geschlecht immer auch den Genitiv mitzulernen!

Beispiel: arx, **arc**is f. – die Burg (Stamm: arc-)

- Der **Akkusativ Singular** endet bei den Maskulina und Feminina immer auf **-m**, bei den Neutra ist er gleich dem Nominativ.
- Der **Dativ Plural** und der **Ablativ Plural** enden bei allen Deklinationen formengleich entweder auf **-īs** oder **-ibus/-bus**.
- Der **Ablativ Singular** endet bei den vokalischen Deklinationen immer auf dem lang gesprochenen Stammvokal. Der Ablativ Singular von causa (a-Deklination) lautet also causā, von portus (u-Deklination) portū usw.
- Wichtig: Die **Längenstriche** über den Endungen musst du mitlernen! Erstens kannst du das Wort nur so korrekt aussprechen, zweitens lassen sich manche Endungen nur durch die Quantität (d. h. Länge oder Kürze eines Vokals) unterscheiden.

Die a-Deklination

causa, causae f. – der / ein Grund (Stamm: caus**a**-)

	Singular		Plural	
Nom.	causa	der Grund	causae	die Gründe
Gen.	causae	des Grundes	causārum	der Gründe
Dat.	causae	dem Grund	causīs	den Gründen
Akk.	causam	den Grund	causās	die Gründe
Abl.	causā	siehe Anm.	causīs	siehe Anm.

Beachte: Als Hilfestellung haben wir bei der a-Deklination eine deutsche Übersetzung hinzugefügt, die sich auf alle folgenden Deklinationstabellen übertragen lässt. Für den **Ablativ** gibt es je nach Kontext viele Übersetzungsmöglichkeiten (↗ S. 89).

Substantive der a-Deklination sind Feminina. Ausnahme: Personen behalten das natürliche Geschlecht.

Beispiele:
incola,ae **m.** – **der** Einwohner
poēta,ae **m.** – **der** Dichter

Die o-Deklination

amīcus, amīcī m. – der/ein Freund (Stamm: amīc**o**-)
dōnum, dōnī n. – das/ein Geschenk (Stamm dōn**o**-)

	Singular	Plural	Singular	Plural
Nom.	amīcus	amīcī	dōnum	dōna
Gen.	amīcī	amīcōrum	dōnī	dōnōrum
Dat.	amīcō	amīcīs	dōnō	dōnīs
Akk.	amīcum	amīcōs	dōnum	dōna
Abl.	amīcō	amīcīs	dōnō	dōnīs

Die Substantive auf -um sind alle Neutra, die auf -us sind meist Maskulina.

Beachte: Ausnahmen bilden einige Länder- und Städtenamen (Aegyptus,ī **f.**, Corinthus,ī **f.**) und humus,ī **f.** – der Boden.

Beachte: Einige Substantive enden im Nom. Sing. auf -er.

Beispiele:
puer, puerī usw. – der Junge (Stamm: puer-)
magister, magistrī usw. – der Lehrer (Stamm: magistr-)

Ebenfalls zur o-Deklination gehört vir, virī m. – der Mann.

Lerntipp: Der **Vokativ Singular** endet in der o-Deklination (und nur hier!) anders als der Nominativ Singular auf **-e** (domine! – Herr!), bei Namen auf **-ius** auf **-ī** (Luci! – Lucius!). Zu meus filius lautet der Vokativ mī fīlī!

Adjektive der a- und o-Deklination

Die Endungen dieser Adjektive stimmen mit den Endungen der Substantive überein (philosoph**us** clār**us** – der berühmte Philosoph).

clārus,a,um – berühmt

	Singular		
	mask.	fem.	neutr.
Nom.	clārus	clāra	clārum
Gen.	clārī	clārae	clārī
Dat.	clārō	clārae	clārō
Akk.	clārum	clāram	clārum
Abl.	clārō	clārā	clārō

	Plural		
	mask.	fem.	neutr.
Nom.	clārī	clārae	clāra
Gen.	clārōrum	clārārum	clārōrum
Dat.		clārīs	
Akk.	clārōs	clārās	clāra
Abl.		clārīs	

Beachte: Ebenso wie bei den Substantiven enden einige Adjektive im Nominativ Singular Maskulinum auf **-er**, bilden alle übrigen Formen aber regelmäßig. Wie bei den Substantiven auf -er behalten einige das e vor dem r in allen Kasus bei, andere stoßen es – außer im Nominativ Singular – ab.

Beispiele:
līber, lībera, līberum – frei
pulcher, pulchra, pulchrum – schön

Die e-Deklination

rēs, rei f. – die/eine Sache (Stamm: **rē**-)

	Singular	Plural
Nom.	rēs	rēs
Gen.	reī	rērum
Dat.	reī	rēbus
Akk.	rem	rēs
Abl.	rē	rēbus

Substantive der e-Deklination sind **Feminina**.

Beachte: Nur die Wörter **diēs** (der Tag) und **merīdiēs** (der Mittag) sind Maskulina, in der Bedeutung „Termin“ ist auch das Wort **diēs** Femininum.

Die u-Deklination

portus, ūs m. – der/ein Hafen (Stamm: port**ū**-)

	Singular	Plural
Nom.	portus	portūs
Gen.	portūs	portuum
Dat.	portuī	portibus
Akk.	portum	portūs
Abl.	portū	portibus

Substantive der u-Deklination sind in der Regel **Maskulina**.

Beachte: **Feminina** sind manus,ūs (die Hand) und domus,ūs (das Haus) mit dem Ablativ Singular dom**ō** und dem Akkusativ Plural dom**ōs**. Neutrum ist cornū,ūs (das Horn).

Die i-Deklination, die konsonantische und die gemischte Deklination

Während der Wortstamm bei Substantiven der **i-Deklination** wie bei den bisher behandelten Deklinationen auf einen Vokal endet, haben die Substantive der **konsonantischen Deklination** Konsonanten als Stammauslaut.

Bei der **gemischten Deklination** stammen die Endungen im Singular aus der konsonantischen, im Plural aus der i-Deklination (vgl. die gleich starken Schattierungen in den Tabellen).

Formenbildung der drei Deklinationen

- Konsonantische Deklination:
  ōrātor, ōrātōris m. – der/ein Redner (Stamm: ōrāto**r**-)
- Gemischte Deklination:
  cīvis, cīvis m. – der/ein Bürger (Stamm: cīv**i**-)
- i-Deklination:
  turris, turris f. – der/ein Turm (Stamm: turr**i**-)

Singular			
	kons. Dekl.	gem. Dekl.	i-Dekl.
Nom.	ōrātor	cīvis	turris
Gen.	ōrātōris	cīvis	turris
Dat.	ōrātōrī	cīvī	turrī
Akk.	ōrātōrem	cīvem	turrim
Abl.	ōrātōre	cīve	turrī

Plural			
	kons. Dekl.	gem. Dekl.	i-Dekl.
Nom.	ōrātōrēs	cīvēs	turrēs
Gen.	ōrātōrum	cīvium	turrium
Dat.	ōrātōribus	cīvibus	turribus
Akk.	ōrātōrēs	cīvēs (-īs)	turrīs (-ēs)
Abl.	ōrātōribus	cīvibus	turribus

Beachte: Substantive der i-Deklination haben im Nominativ und Genitiv Singular meist gleich viele Silben, Substantive der konsonantischen Deklination haben im Genitiv eine Silbe mehr.

Zur i-Deklination: Neben turris gibt es nur wenige Feminina. Die **Neutra** enden im Nominativ und Akkusativ Singular auf **-e**, **-ar** oder **-al** (z. B. mare, maris n. – das Meer, Nominativ und Akkusativ Plural: maria).

Zur gemischten Deklination: Zu ihr gehören sehr viele **Feminina**. Sie enden entweder auf **-ēs** oder **-is** (z.B. cladēs, cladis f. – die Niederlage; navis, navis f. – das Schiff) oder haben zwei oder mehr Konsonanten vor den Endungen (urbs, urbis f. – die Stadt).

Zur konsonantischen Deklination: Die **Feminina** enden häufig auf **-ō**, (z. B. multitūdō, -inis f. – die Menge) oder auf **-ās** (lībertās, lībertātis f. – die Freiheit).

Adjektive der i-Deklination

Die Adjektive der i-Deklination haben insofern ebenfalls „gemischte" Endungen, als im Akkusativ Singular Maskulinum und Femininum die Endung **-em** der konsonantischen Deklination erscheint. Die Endungen des Neutrums sind regelmäßig (wie bei mare, s. o. zur i-Deklination).

gravis, grave – schwer

	Singular		Plural	
	mask./fem.	neutr.	mask./fem.	neutr.
Nom.	gravis	grave	gravēs	gravia
Gen.	gravis		gravium	
Dat.	gravī		gravibus	
Akk.	grav**em**	grave	gravēs	gravia
Abl.	gravī		gravibus	

Beachte: Die Adjektive der i-Deklination können im Nominativ Singular **eine, zwei oder drei** Endungen besitzen:

- prūdēns (mask. + fem. + neutr.) – klug
- gravis (mask. + fem.), grave (neutr.) – schwer
- ācer (mask.), ācris (fem.), ācre (neutr.) – scharf

Der Genitiv (prūdentis, gravis, ācris) und alle übrigen Kasus werden regelmäßig gebildet.

Lerntipp: Adjektive der i-Deklination auf -er (wie ācer) darfst du nicht mit den Adjektiven der o-Deklination auf -er verwechseln (z. B. pulcher, ↗ S. 13). Besonders bei ihnen musst du immer die drei Genera mitlernen!

Steigerung der Adjektive

Bei den Adjektiven unterscheidet man wie im Deutschen die **Grundform** (auch: **Positiv**), den **Komparativ** und den **Superlativ**.

Beispiel:

Seneca philosophus **clārus** fuit, Platō philosophus **clārior**, Sōcratēs autem philosophus **clārissimus**.	Seneca war ein **berühmter** Philosoph, Platon ein **berühmterer**, Sokrates aber der **berühmteste** Philosoph.

Bei den Formen des **Komparativs** wird die Endung des Genitivs Singular Maskulinum eines Adjektivs durch die Endung **-ior** (mask./ fem.) bzw. **-ius** (neutr.) ersetzt.

Beispiel: clārior (m./f.), clārius (n.) – der (die, das) berühmtere

Bei den Formen des **Superlativs** wird die Endung des Genitivs Singular Maskulinum der Grundform meist durch die Endung **-issimus,a,um** ersetzt.

Beispiel: clārissimus,a,um – der (die, das) berühmteste

Beachte: Wenn du nicht alle Vergleichsobjekte vor Augen hast, ist es oft passender, den Superlativ mit dem **Elativ** zu übersetzen, das heißt mit „sehr" und der Grundform (ōrātor clārissimus – ein **sehr berühmter** Redner).

Die meisten Adjektive auf **-lis** bilden den Superlativ auf **-limus**, die Adjektive auf **-er** bilden ihn auf **-rimus**. Also:

Grundform	Komparativ	Superlativ
clārus,a,um – berühmt (Genitiv: clār-ī)	clār-**ior**, clār-**ius** – der berühmtere	clār-**issimus,a,um** – der berühmteste
facilis,e – leicht (Genitiv: facil-is)	facil-**ior**, facil-**ius** – der leichtere	facil-**limus,a,um** – der leichteste
ācer, ācris, ācre – scharf (Genitiv: ācr-is)	ācr-**ior**, ācr-**ius** – der schärfere	ācer-**rimus,a,um** – der schärfste

Deklination des Komparativs und des Superlativs

Die **Deklination des Komparativs** zeigt die Endungen der konsonantischen Deklination:

	Singular		Plural	
	mask./fem.	neutr.	mask./fem.	neutr.
Nom.	clārior	clārius	clāriōrēs	clāriōra
Gen.	clāriōris		clāriōrum	
Dat.	clāriōrī		clāriōribus	
Akk.	clāriōrem	clārius	clāriōrēs	clāriōra
Abl.	clāriōre		clāriōribus	

Die **Deklination des Superlativs** weist wie die Grundform die Endungen der a- bzw. o-Deklination auf.

Beispiel:
Grundform: ōrātōris clārī – des berühmten Redners
Superlativ: ōrātōris clārissimī – des berühmtesten Redners

Einige Adjektive werden **unregelmäßig** gesteigert. Da diese wichtigen Wörter häufig vorkommen, solltest du dir vor allem die folgenden Formen gut einprägen:

Grundform	Komparativ	Superlativ
magnus,a,um – groß	māior, māior, māius – der, die, das größere	māximus,a,um – der, die, das größte
parvus,a,um – klein	minor, minor, minus – der, die, das kleinere	minimus,a,um – der, die, das kleinste
bonus,a,um – gut	melior, melior, melius – der, die, das bessere	optimus,a,um – der, die, das beste
malus,a,um – schlecht	pēior, pēior, pēius – der, die, das schlechtere	pessimus,a,um – der, die, das schlechteste

Adverbien und ihre Steigerung

Das Adverb gibt eine genauere Bestimmung zu einem Verb. Vergleiche:
Puer **celer** currit. – Der **schnelle** Junge läuft (**Adjektiv**; Satzfunktion: **Attribut**).
Puer **celeriter** currit. – Der Junge läuft **schnell** (**Adverb**; Satzfunktion: **Adverbiale Bestimmung**).

Bildung der Adverbien

Bei den Adjektiven der **a- und o-Deklination** (clārus, pulcher, ↗ S. 12, 13) wird statt der Genitiv-Endung ein **-ē** angehängt.

Bei den Adjektiven der **i-Deklination** (ācer, gravis, ↗ S. 16) wird statt der Genitiv-Endung ein **-iter** angehängt, bei Adjektiven auf **-ns**, Genitiv -ntis (z. B. prūdēns, ↗ S. 16), nur ein **-er**.

Adjektiv Nom.	Adjektiv Gen.	**Adverb**
clārus	clār-ī	clār-**ē**
pulcher	pulchr-ī	pulchr-**ē**
gravis	grav-is	grav-**iter**
sapiēns	sapient-is	sapient-**er**

Beachte: Einige Adjektive der **a-** und **o-**Deklination bilden das Adverb in der Grundform auf **-ō**.

Beispiele:
fals**ō** – fälschlicherweise (zu falsus,a,um)
cit**ō** – schnell (zu citus,a,um)

Steigerung der Adverbien

Komparativ: Der Komparativ ist formengleich mit der Neutrum-Form des Komparativs vom Adjektiv (**-ius**).

Beispiel:

Grundform	Komparativ
Puer celeriter currit. – Der Junge läuft schnell.	Puer cele**rius** currit. – Der Junge läuft **schneller**.

Lerntipp: Eine Form wie pulchrius ist damit zweideutig. Vergleiche:

- oppidum pulchrius – die **schönere** Stadt (**Adjektiv**)
- Cantat pulchrius. – Er/Sie singt **schöner**. (**Adverb**)

Superlativ: Wie bei der Grundform zeigt der Superlativ des Adjektivs (z. B. pulcherrimus,a,um) bei der Bildung des Adverbs die Endung **-ē**.

Beispiel:
Haec puella pulcherrimē cantat. – Dieses Mädchen singt am schönsten.

Die Steigerung der Adverbien im Überblick:

Adjektiv	**Adverb**		
Grundform	Grundform	Komparativ	Superlativ
clārus	clārē	clārius	clārissimē
pulcher	pulchrē	pulchrius	pulcherrimē
fortis	fortiter	fortius	fortissimē
sapiēns	sapienter	sapientius	sapientissimē

Pronomina (Fürwörter)

Pronomina stehen meist für Personen oder Dinge, die im Text bereits genannt wurden oder bekannt sind.

Personalpronomina (persönliche Fürwörter)

1. und 2. Person Singular: ego, tū (ich, du)

	1. Person		2. Person	
Nom.	ego	ich	tū	du
Gen.	meī	meiner	tuī	deiner
Dat.	mihī	mir	tibī	dir
Akk.	mē	mich	tē	dich
Abl.	(ā) mē	(von) mir	(ā) tē	(von) dir

1. und 2. Person Plural: nōs, vōs (wir, ihr)

	1. Person		2. Person	
Nom.	nōs	wir	vōs	ihr
Gen.	nostrī	unser,	vestrī	euer,
	nostrum	von uns	vestrum	von euch
Dat.	nōbīs	uns	vōbīs	euch
Akk.	nōs	uns	vōs	euch
Abl.	(ā) nōbīs	(von) uns	(ā) vōbīs	(von) euch

Beachte: Die Genitiv-Formen nostrum und vestrum werden nur als Genitivus partitivus (↗ S. 83) verwendet.

Als Personalpronomina der **3. Person** (er, sie, es) werden die Formen von **is**, **ea**, **id** verwendet (↗ S. 23).

Während die Personalpronomina der 1. und 2. Person auch reflexiv (rückbezüglich) verwendet werden können (**tē** laudās – du lobst dich), besitzt die dritte Person ein eigenes **Reflexivpronomen**, das im Singular und Plural gleich lautet:

Gen.	**suī**	seiner, ihrer
Dat.	**sibī**	sich
Akk.	**sē**	sich
Abl.	**(ā) sē**	(von) sich

Beispiel:
Sibī cavet / cavent.
– Er sorgt für sich / Sie sorgen für sich.

Beachte: Eine häufige Sonderform lautet sēcum (statt cum sē), ebenso mēcum usw.

Demonstrativpronomina (hinweisende Fürwörter)

Demonstrativpronomina können als Pronomen Substantive, auf die sie hinweisen, ersetzen oder sie (als Attribut) begleiten.

Beispiel:

Gebrauch als Attribut	Gebrauch als Pronomen
Omnēs **eum** poētam libenter legunt.	Omnēs **eum** libenter legunt.
– Alle lesen **diesen** Dichter gern.	– Alle lesen **ihn** gern.

is, **ea**, **id** – der, die, das / er, sie, es

	Singular			Plural		
	mask.	fem.	neutr.	mask.	fem.	neutr.
Nom.	is	ea	id	eī(iī)	eae	ea
Gen.		eius		eōrum	eārum	eōrum
Dat.		eī			eīs (iīs)	
Akk.	eum	eam	id	eōs	eās	ea
Abl.	eō	eā	eō		eīs (iīs)	

Ebenso dekliniert wird **idem**, **eadem**, **idem** – derselbe, dieselbe, dasselbe (also is, ea, id mit der Endung **-dem**), jedoch mit abweichenden Formen im Akkusativ Singular (eu**n**dem, ea**n**dem, idem) und Genitiv Plural (eōru**n**dem, eāru**n**dem, eōru**n**dem).

hic, **haec**, **hoc** – dieser, diese, dieses

	Singular			Plural		
	mask.	fem.	neutr.	mask.	fem.	neutr.
Nom.	hic	haec	hoc	hī	hae	**haec**
Gen.		huius		hōrum	hārum	hōrum
Dat.		huic			hīs	
Akk.	hunc	hanc	hoc	hōs	hās	**haec**
Abl.	hōc	hāc	hōc		hīs	

ille, illa, illud – jener, jene, jenes

	Singular			Plural		
	mask.	fem.	neutr.	mask.	fem.	neutr.
Nom.	ille	illa	ill**ud**	illī	illae	illa
Gen.		illīus		illōrum	illārum	illōrum
Dat.		illī			illīs	
Akk.	illum	illam	ill**ud**	illōs	illās	illa
Abl.	illō	illā	illō		illīs	

Beachte: Gerade bei diesen Pronomina musst du die **Längen** mitlernen (illa ≠ illā; hoc ≠ hōc). Der Genitiv illīus wird auf dem zweiten i betont, da dieses i lang ist (↗ Betonungsregel S. 8).

Ebenso wie ille, illa, illud werden folgende Demonstrativpronomina dekliniert:

- **iste**, **ista**, **istud** – dieser da, diese da, dieses da (oft mit abwertendem Beiklang)
- **ipse**, **ipsa**, **ipsum** – (er, sie, es) selbst

Die gleichen Endungen (außer im Nominativ Singular) hat eine Reihe von **Pronominaladjektiven** (alle mit **-īus** im Genitiv und langem **-ī** im Dativ), z. B.:

- ūnus,a,um – ein
- tōtus,a,um – ganz
- sōlus,a,um – allein
- ūllus,a,um – irgendein
- alius,a,ud(Genitiv al**ter**iūs) – ein anderer
- nūllus,a,um – kein

Possessivpronomina (besitzanzeigende Fürwörter)

	1. Person	2. Person	3. Person
Sing.	meus, a, um – mein	tuus, a, um – dein	suus, a, um – sein, ihr
Plur.	noster, -tra, -trum – unser	vester, -tra, -trum – euer	suus, a, um – ihre

Beachte: Diese Possessivpronomina werden reflexiv und nichtreflexiv gebraucht. Das Personalpronomen **suus** wird nur gebraucht, wenn es sich auf das **Subjekt** des Satzes bezieht (reflexiv). Bezieht sich die Besitzangabe auf **andere Personen**, verwendet man den **Genitiv von is, ea, id** (↗ S. 23).

Beispiel:

Marcus Publium vīsitat:	Markus besucht Publius:
Ibī etiam amīcōs **suōs** videt.	Dort sieht er auch **seine** (**eigenen**) Freunde (reflexiv).
Ibī etiam amīcōs **eius** videt.	Dort sieht er auch **seine** (**des Publius**) Freunde (nicht reflexiv).

Das Relativpronomen (bezügliches Fürwort)

Das Relativpronomen leitet einen Nebensatz ein (Relativsätze ↗ S. 133), wobei es sich auf ein Nomen im übergeordneten Satz bezieht. Beim relativischen Satzanschluss (↗ S. 135) bezieht es sich auf ein Nomen im vorangehenden Satz.

quī, quae, quod – der, die, das

	Singular			Plural		
	mask.	fem.	neutr.	mask.	fem.	neutr.
Nom.	quī	quae	quod	quī	quae	quae
Gen.		cuius		quōrum	quārum	quōrum
Dat.		cui			quibus	
Akk.	quem	quam	quod	quōs	quās	quae
Abl.	quō	quā	quō		quibus	

Interrogativpronomina (Fragepronomen)

Nom.	quis? quid?	wer? was?
Gen.	cuius?	wessen?
Dat.	cui?	wem?
Akk.	quem? quid?	wen? was?
Abl.	(ā) quō?	(von) wem?

Als adjektivisches Fragepronomen (attributiver Gebrauch) werden die Formen des Relativpronomens quī, quae, quod verwendet (↗ diese Seite oben).

Beispiel:

Gebrauch als Pronomen	Gebrauch als Attribut
Quem vīdistī?	**Quō** itinere vēnistī?
Wen hast du gesehen?	Auf **welchem** Weg bist du gekommen?

Indefinitpronomina (unbestimmte Fürwörter)

Bei den Indefinitpronomina gibt es für den substantivischen und den adjektivischen (attributiven) Gebrauch (vergleiche das vorige Beispiel) verschiedene Formen:

substantivisch	adjektivisch	
ali-quis, ali-quid	ali-quī, -qua, -quod	irgendein
quis-quam, quic-quam	ūllus,a,um	irgendein
quis-que, quae-que, quid-que	quis-que, quae-que, qu**od**-que	jeder
quī-dam, quae-dam, quid-dam	quī-dam, quae-dam, quod-dam	ein gewisser

Dekliniert wird hier immer nur der auf **-quis** zurückzuführende Teil des Wortes, also ali-**quis**, Genitiv ali-**cuius**, Dativ ali-**cui** usw. (Formen nach quī, quae, quod ↗ S. 26).

Beachte: quisque steht nur nach Pronomina, Ordinalzahlen (↗ S. 28) oder Superlativen.

Beispiel: optimus quisque – die Besten (wörtlich: jeder Beste)

In einigen Fällen steht nur **quis** statt **aliquis**.

Als **Lerntipp** hier ein Merkspruch: „Nach **sī**, **nisī**, **nē**, **num** fallen alle **ali** um."

Zahlwörter (Numeralia)

Bei den Zahlwörtern unterscheidet man zwischen den

- **Kardinalia** (Grundzahlen) zur **Mengenangabe** und den
- **Ordinalia** (Ordnungszahlen) zur Angabe der **Reihenfolge**.

Arabische Ziffern	Römische Ziffern	**Kardinalia** (Wie viel?)	**Ordinalia** (Der Wievielte?)
1	I	ūnus,a,um ein, eine, ein	prīmus,a,um der, die, das Erste
2	II	duo,ae,**o**	secundus
3	III	trēs, tria	tertius
4	IV	quattuor	quārtus
5	V	quīnque	quīntus
6	VI	sex	sextus
7	VII	septem	septimus
8	VIII	octō	octāvus
9	IX	novem	nōnus
10	X	decem	decimus
11	XI	ūndecim	ūndecimus
12	XII	duodecim	duodecimus
13	XIII	trēdecim	tertius decimus
14	XIV	quattuordecim	quārtus decimus
15	XV	quīndecim	quīntus decimus
16	XVI	sēdecim	sextus decimus
17	XVII	septendecim	septimus decimus
18	XVIII	**duodē**vīgintī	**duodē**vīcēsimus
19	XIX	**ūndē**vīgintī	**ūndē**vīcēsimus
20	XX	vīgintī	vīcēsimus
21	XXI	vīgintī ūnus	vīcēsimus prīmus
30	XXX	trīgintā	trīcēsimus
40	XL	quadrāgintā	quadrāgēsimus
50	L	quīnquāgintā	quīnquāgēsimus
60	LX	sexāgintā	sexāgēsimus
70	LXX	septuāgintā	septuāgēsimus
80	LXXX	octōgintā	octōgēsimus
90	XC	nōnāgintā	nōnāgēsimus
100	C	centum	centēsimus
200	CC	ducentī,ae,a	ducentēsimus

1000	M	mīlle	mīllēsimus
2000	MM	duo mīlia	bis mīllēsimus

- Die Ordinalzahlen werden dekliniert (Endungen der a/o-Deklination). Von den Kardinalzahlen werden nur die ersten drei dekliniert (zur Deklination von ūnus ↗ S. 25).

→ **Beachte:** Mīlle (1000) ist im Singular nicht deklinierbar, nimmt im Plural (mīlia) aber die Endungen eines Substantivs der i-Deklination (Neutrum) an.

	mask.	fem.	neutr.	m./f.	neutr.	neutr. Pl.
Nom.	duo	duae	duo	tres	tria	mīlia
Gen.	duōrum	duārum	duōrum	trium		mīlium
Dat.	duōbus	duābus	duōbus	tribus		mīlibus
Akk.	duōs	duās	duo	tres	tria	mīlia
Abl.	duōbus	duābus	duōbus	tribus		mīlibus

- Centum (100) ist nicht deklinierbar, nur sein Vielfaches (ducentī, trecentī, quadringentī, quīngentī, sescentī, septingentī, octingentī, nōngentī).

- Gewöhnlich steht bei **zusammengesetzten Zahlen** die **größere vor der kleineren**: vīgintī ūnus, vīgintī duo usw.

- Die jeweils letzten beiden Zahlen vor einem runden Zehner werden durch Subtraktion umschrieben: 18 = **duodē**vīgintī („2 von 20“), 19 = **ūndē**vīgintī („1 von 20“).

! **Lerntipp:** Von den gelegentlich auftretenden **Zahladverbien** (Frage: Wie oft?) solltest du zumindest die ersten vier kennen: semel (einmal), bis (zweimal), ter, quāter.

Das Verb

Beispiel:

Stamm	Endung	
rīdē-	re	Infinitiv, deutsch: lach-en
rīdē-	ō	1. Pers. Sing. Ind. Präs. Akt. ich lach-e
rīdē-	te	Imperativ Plural: lach-t!

Wie dir das Beispiel **rīdē-re** zeigt, kann man Verben im Lateinischen vor allem in zwei Bestandteile zerlegen: einen **bedeutungstragenden Teil** (= Stamm), dessen Grundbedeutung(en) du im Lexikon oder dem Vokabelverzeichnis deines Lehrbuchs nachschlagen kannst (**rīdē-** hat die Grundbedeutung **lach-**), und einen grammatisch wichtigen Teil, der meist als **Endung** oder **Ausgang** bezeichnet wird.

Bei den Wortarten, die veränderlich (flektierbar) sind, den **Nomina** (= Substantiv, Adjektiv, Pronomen und Numerale → Deklination) und den **Verben** (→ Konjugation), zeigen die Endungen an, welche Aufgabe das Wort im Satzzusammenhang hat. Bei Nomina weisen sie auf **Kasus, Numerus und Genus** hin (↗ S. 80), bei den Verben verweisen sie auf **Person, Numerus**, **Modus**, **Tempus** und das **Genus verbi (Aktiv/Passiv)**, die ein Verb in seiner flektierten Form kennzeichnen.

Die nicht flektierte Form des Verbs ist der **Infinitiv**, dessen Endung z. B. im Präsens Aktiv **-re** lautet. Der Infinitiv (↗ S. 71) sagt nichts über Person, Numerus und Modus aus, gibt jedoch ein Zeitverhältnis (↗ S. 96) und ein Genus verbi an.

Einige Lerntipps vorweg

- Für die Personen sämtlicher Konjugationen (Indikativ und Konjunktiv) benötigst du nur drei Gruppen von Personalendungen, dabei jeweils 6 Formen
  - für das Präsenssystem Aktiv,
  - für das Präsenssystem Passiv,
  - für das Perfekt Aktiv.

  Das sind insgesamt **nur 18 Endungen**, die allerdings gründlich zu lernen sind!
- Wichtig sind ebenfalls die **Stammformen** (↗ S. 50) eines Verbs: Der Infinitiv Präsens Aktiv, die 1. Person Singular Indikativ Präsens Aktiv, die 1. Person Indikativ Perfekt Aktiv und das Partizip Perfekt Passiv. Erst mit ihrer Hilfe kannst du Verbformen im Text erkennen, bestimmen oder bei Übungen im Lehrbuch auch bilden.
- Von den **Nominalformen** des Verbs (Partizipien, Infinitive, Gerundium sowie Gerundivum und Supina) sind vor allem die **Partizipien und Infinitive wichtig**. Du solltest sie dir gut einprägen, weil sie in jedem Text eine große Rolle spielen.
- Auch für die Konjugation sind die Deklinationen von Bedeutung. Nicht nur die **Partizipien** werden **dekliniert**, sondern auch die **nd**-Formen (↗ S. 73 – 75) und die **Supina** (↗ S. 75).
- Viele Verben werden neben ihrer Verwendung als **Simplex** (Grundform) mit **Präfixen** (Vorsilben) zu so genannten **Komposita** (zusammengesetzten Formen) verbunden. Vergleiche dazu die Beispiele auf der folgenden Seite.
  Beide Bestandteile können sich dabei etwas verändern. Als Präfixe finden sich meist Präpositionen (↗ S. 92), deren Grundbedeutung oft dabei hilft, die Bedeutung des Kompositums zu erschließen (z. B. in – hinein, ex – heraus, cum/com/con – zusammen).

Beispiele:

Simplex		Kompositum	
venīre	kommen	**ad**-venīre	**an**-kommen
īre	gehen	**ex**-īre	**hinaus**-gehen
pōnere	stellen	**com**-pōnere	**zusammen**-stellen

- Es ist sinnvoll, sich die Grundbedeutung der wichtigsten **Präfixe** einzuprägen, weil man aus ihnen die Bedeutung der meisten **Komposita** ableiten kann. Dies erleichtert dir die Arbeit bei der Übersetzung erheblich!
- Formen und Vokabeln müssen in jeder Sprache gelernt werden – natürlich nicht alle auf einmal! Einteilung ist das halbe Leben: Besser 6 Formen pro Tag gut gelernt als 20 nur halb!

Die Personalendungen (Übersicht)

Beispiel: Von rīdē-**re** (lach-en) lautet die 1. Person Singular des Indikativs Aktiv **rīde-ō** (ich lache). Der Vokal **-ō** hat in der Konjugation die Bedeutung **ich**, er kennzeichnet also die **1. Person Singular Indikativ Präsens Aktiv**.

	Präsens Aktiv	Präsens Passiv	Perfekt Aktiv
1. Sing.	ō / m	or / r	ī
2. Sing.	s	ris	istī
3. Sing.	t	tur	it
1. Plur.	mus	mur	imus
2. Plur.	tis	minī	istis
3. Plur.	nt	ntur	ērunt

Beachte: Generell musst du dir die **Endungen** so gründlich einprägen, dass du sie ohne zu überlegen auswendig kannst.

Auch die **Tempora** (Zeiten), die **Modi** (Aussageweisen: Indikativ, Konjunktiv, Imperativ ↗ S. 34) und die **Genera verbi** (Aktiv/Passiv) sind an bestimmten Signalen eindeutig zu erkennen.

Präsens- und Perfektsystem

Die Konjugation besteht aus zwei unterschiedlichen Systemen, dem **Präsens-** und dem **Perfektsystem**.
Zum ersten gehören die Tempora **Präsens**, **Imperfekt**, **Futur I**, zum zweiten das **Perfekt**, das **Plusquamperfekt** und das **Futur II**.

Das Präsenssystem

Das Präsenssystem weist fünf verschiedene Konjugationen auf, die nach dem Stammauslaut benannt werden.
Es sind dies die **ā-**, die **ē-**, die **ī-** und die **konsonantische Konjugation** sowie die Mischklasse, auch als **„Kurz-i"-Konjugation** bezeichnet, weil sie in vielen Formen ein kurzes i als Sprechvokal aufweist.

Beispiele:

amā - re	(a-Konjugation)
rīdē - re	(e-Konjugation)
audī - re	(i-Konjugation)
leg -e- re	(konsonantische Konjugation)
cap -e- re	(„Kurz-i"-Konjugation bzw. Mischgruppe)

Vom Präsensstamm abgeleitet werden neben dem **Präsens** das **Imperfekt** im Indikativ und Konjunktiv sowie das **Futur I** im Indikativ, alle jeweils im Aktiv und Passiv.

Der Imperativ

Der Imperativ der 2. Person Präsens **Singular** der vokalischen Konjugationen besteht aus dem Stamm selbst, bei der konsonantischen bzw. der „Kurz-i"-Konjugation erscheint nach dem Stammauslaut ein **-e**.

Der Imperativ der 2. Person Präsens **Plural** der vokalischen Konjugationen besteht aus dem Stamm und der Endung **-te**, bei der konsonantischen und der „Kurz-i"-Konjugation erscheint nach dem Stammauslaut zusätzlich der Sprechvokal **-i-**.

	Imperativ	
	Singular	Plural
amāre	amā ! – liebe!	amā **te** ! – liebt!
rīdēre	rīdē ! – lache!	rīdē **te** ! – lacht!
audīre	audī ! – höre!	audī **te** ! – hört!
legere	leg**e** ! – lies!	leg i **te** ! – lest!
capere	cap**e** ! – fang!	cap i **te** ! – fangt!

Beachte: Folgende Verben verkürzen den Imperativ Singular: dīcere (dīc!), dūcere (dūc!), facere (fac!) und ferre (fer!).

Bildung der Tempora und Modi

Lerntipp: Die folgenden Tempus- und Modussignale solltest du auswendig lernen. Sie gelten für Aktiv und Passiv.

	Indikativ		Konjunktiv	
Konjugation	a/e	übrige	a	übrige
Präsens	---	---	**-e-**	**-a-**
Imperfekt	**-ba-**	**-ēba-**	**-re-**	**-re-**
Futur I	**-b-**	**-e-**	---	---

Beachte: Eine Übersicht zum Perfektsystem findest du auf S. 52 – 54.

1. Konjugation (Stamm auf ā)
(Indikativ und Konjunktiv Aktiv und Passiv)

Beispiel: **amā-re** – lieben

	Präsens Aktiv	
	Indikativ	Konjunktiv
1. Sing.	am **ō** – ich liebe	am **e m**
2. Sing.	amā **s**	am **ē s**
3. Sing.	ama **t**	am **e t**
1. Plur.	amā **mus**	am **ē mus**
2. Plur.	amā **tis**	am **ē tis**
3. Plur.	ama **nt**	am **e nt**

In der ersten Person Singular des Indikativs Aktiv verschmilzt der Stamm des Verbs mit der Personalendung: ama-**ō** → **amō**.

	Präsens Passiv	
	Indikativ	Konjunktiv
1. Sing.	am **or** – ich werde geliebt	am **e r**
2. Sing.	amā **ris**	am **ē ris**
3. Sing.	amā **tur**	am **ē tur**
1. Plur.	amā **mur**	am **ē mur**
2. Plur.	amā **minī**	am **ē minī**
3. Plur.	ama **ntur**	am **e ntur**

Konjunktivzeichen der a-Konjugation im Präsens ist der Vokal **-e-**.
Zur Verwendung und Übersetzung des Konjunktivs Präsens
↗ S. 113, 119 – 120.

	Imperfekt Aktiv	
	Indikativ	Konjunktiv
1. Sing.	amā **ba m** – ich liebte	amā **re m**
2. Sing.	amā **bā s**	amā **rē s**
3. Sing.	amā **ba t**	amā **re t**
1. Plur.	amā **bā mus**	amā **rē mus**
2. Plur.	amā **bā tis**	amā **rē tis**
3. Plur.	amā **ba nt**	amā **re nt**

	Imperfekt Passiv	
	Indikativ	Konjunktiv
1. Sing.	amā **ba r** – ich wurde geliebt	amā **re r**
2. Sing.	amā **bā ris**	amā **rē ris**
3. Sing.	amā **bā tur**	amā **rē tur**
1. Plur.	amā **bā mur**	amā **rē mur**
2. Plur.	amā **bā minī**	amā **rē minī**
3. Plur.	amā **ba ntur**	amā **re ntur**

Indikativ Imperfekt: Signal **-ba-**.
Konjunktiv Imperfekt: Signal **-re-**.
Zur Verwendung und Übersetzung des Konjunktivs Imperfekt
↗ S. 113, 119 – 120.

	Indikativ Futur I	
	Aktiv	Passiv
1. Sing.	amā **b ō** – ich werde lieben	amā **b or** – ich werde geliebt werden
2. Sing.	amā **b i s**	amā **b e ris**
3. Sing.	amā **b i t**	amā **b i tur**
1. Plur.	amā **b i mus**	amā **b i mur**
2. Plur.	amā **b i tis**	amā **b i minī**
3. Plur.	amā **b u nt**	amā **b u ntur**

Signal für das Futur I der a-Konjugation ist das **b**, dem von der 2. Person Singular bis zur 2. Person Plural der Sprechvokal **-i-** folgt. Nur in der 2. Person Singular Passiv erscheint statt des -i- ein **-e-** als Sprechvokal. Die 1. Person Singular Aktiv und Passiv benötigt keinen Sprechvokal. Die 3. Person Plural weist ein **-u-** auf.

2. Konjugation (Stamm auf ē)

Beispiel: **rīdē-re** – lachen

	Präsens Aktiv	
	Indikativ	Konjunktiv
1. Sing.	rīde **ō** – ich lache	rīde **a m**
2. Sing.	rīdē **s**	rīde **ā s**
3. Sing.	rīde **t**	rīde **a t**
1. Plur.	rīdē **mus**	rīde **ā mus**
2. Plur.	rīdē **tis**	rīde **ā tis**
3. Plur.	rīde **nt**	rīde **a nt**

	Präsens Passiv	
	Indikativ	Konjunktiv
1. Sing.	rīde **or** – ich werde ausgelacht	rīde **a r**
2. Sing.	rīdē **ris**	rīde **ā ris**
3. Sing.	rīdē **tur**	rīde **ā tur**
1. Plur.	rīdē **mur**	rīde **ā mur**
2. Plur.	rīdē **minī**	rīde **ā minī**
3. Plur.	rīde **ntur**	rīde **a ntur**

Konjunktivzeichen der e-Konjugation ist im Präsens der Vokal **-a-**.
Zur Verwendung und Übersetzung des Konjunktivs Präsens ↗ S. 113, 119 – 120.

	Imperfekt Aktiv	
	Indikativ	Konjunktiv
1. Sing.	rīdē **ba m** – ich lachte	rīdē **re m**
2. Sing.	rīdē **bā s**	rīdē **rē s**
3. Sing.	rīdē **ba t**	rīdē **re t**
1. Plur.	rīdē **bā mus**	rīdē **rē mus**
2. Plur.	rīdē **bā tis**	rīdē **rē tis**
3. Plur.	rīdē **ba nt**	rīdē **re nt**

	Imperfekt Passiv	
	Indikativ	Konjunktiv
1. Sing.	rīdē **ba r** – ich wurde ausgelacht	rīdē **re r**
2. Sing.	rīdē **bā ris**	rīdē **rē ris**
3. Sing.	rīdē **bā tur**	rīdē **rē tur**
1. Plur.	rīdē **bā mur**	rīdē **rē mur**
2. Plur.	rīdē **bā minī**	rīdē **rē minī**
3. Plur.	rīdē **ba ntur**	rīdē **re ntur**

Indikativ Imperfekt: Signal **-ba-**.
Konjunktiv Imperfekt: Signal **-re-**.
Zur Verwendung und Übersetzung des Konjunktivs Imperfekt
↗ S. 113, 119 – 120.

	Indikativ Futur I	
	Aktiv	Passiv
1. Sing.	rīdē **b ō** – ich werde lachen	rīdē **b or** – ich werde ausgelacht werden
2. Sing.	rīdē **b i s**	rīdē **b e ris**
3. Sing.	rīdē **b i t**	rīdē **b i tur**
1. Plur.	rīdē **b i mus**	rīdē **b i mur**
2. Plur.	rīdē **b i tis**	rīdē **b i minī**
3. Plur.	rīdē **b u nt**	rīdē **b u ntur**

Signal für das Futur I der e-Konjugation ist das **b**, dem von der 2. Person Singular bis zur 2. Person Plural der Sprechvokal **-i-** folgt. Nur in der 2. Person Singular Passiv erscheint statt des -i- ein **-e-** als Sprechvokal. Die 1. Person Singular Aktiv und Passiv benötigt keinen Sprechvokal. Die 3. Person Plural weist ein **-u-** auf.

3. Konjugation (Stamm auf ī)

Beispiel: **audī-re** – hören

	Präsens Aktiv	
	Indikativ	Konjunktiv
1. Sing.	audi **ō** – ich höre	audi **a m**
2. Sing.	audī **s**	audi **ā s**
3. Sing.	audi **t**	audi **a t**
1. Plur.	audī **mus**	audi **ā mus**
2. Plur.	audī **tis**	audi **ā tis**
3. Plur.	audi **u nt**	audi **a nt**

	Präsens Passiv	
	Indikativ	Konjunktiv
1. Sing.	audi **or** – ich werde gehört	audi **a r**
2. Sing.	audī **ris**	audi **ā ris**
3. Sing.	audī **tur**	audi **ā tur**
1. Plur.	audī **mur**	audi **ā mur**
2. Plur.	audī **minī**	audi **ā minī**
3. Plur.	audi **u ntur**	audi **a ntur**

Konjunktivzeichen der i-Konjugation ist der Vokal **-a-**.
Zur Verwendung und Übersetzung des Konjunktivs Präsens ↗ S. 113, 119 – 120.

Beachte: Die 3. Person Plural Indikativ fügt hinter dem **-i-** als weiteren Zwischenvokal ein **-u-** ein.

	Imperfekt Aktiv	
	Indikativ	Konjunktiv
1. Sing.	audi **ēba m** – ich hörte	audī **re m**
2. Sing.	audi **ēbā s**	audī **rē s**
3. Sing.	audi **ēba t**	audī **re t**
1. Plur.	audi **ēbā mus**	audī **rē mus**
2. Plur.	audi **ēbā tis**	audī **rē tis**
3. Plur.	audi **ēba nt**	audī **re nt**

	Imperfekt Passiv	
	Indikativ	Konjunktiv
1. Sing.	audi **ēba r** – ich wurde gehört	audī **re r**
2. Sing.	audi **ēbā ris**	audī **rē ris**
3. Sing.	audi **ēbā tur**	audī **rē tur**
1. Plur.	audi **ēbā mur**	audī **rē mur**
2. Plur.	audi **ēbā minī**	audī **rē minī**
3. Plur.	audi **ēba ntur**	audī **re ntur**

Indikativ Imperfekt: Signal **-ba-** mit Dehnungsvokal **-e-**.
Konjunktiv Imperfekt: Signal **-re-**.
Zur Verwendung und Übersetzung des Konjunktivs Imperfekt ↗ S. 113, 119 – 120.

	Indikativ Futur I	
	Aktiv	Passiv
1. Sing.	audi **a m** – ich werde hören	audi **a r** – ich werde gehört werden
2. Sing.	audi **ē s**	audi **ē ri s**
3. Sing.	audi **e t**	audi **ē tur**
1. Plur.	audi **ē mus**	audi **ē mur**
2. Plur.	audi **ē tis**	audi **ē minī**
3. Plur.	audi **e nt**	audi **e ntur**

Signale für das Futur I der i-Konjugation sind ein **-a-** in der 1. Person Singular, ein **-e-** von der 2. Person Singular bis zur 3. Person Plural.

4. Konjugation (Stamm auf Konsonant)

Beispiel: leg-e-re – lesen

	Präsens Aktiv	
	Indikativ	Konjunktiv
1. Sing.	leg **ō** – ich lese	leg **a m**
2. Sing.	leg **i s**	leg **ā s**
3. Sing.	leg **i t**	leg **a t**
1. Plur.	leg **i mus**	leg **ā mus**
2. Plur.	leg **i tis**	leg **ā tis**
3. Plur.	leg **u nt**	leg **a nt**

	Präsens Passiv	
	Indikativ	Konjunktiv
1. Sing.	leg **o r** – ich werde gelesen	leg **a r**
2. Sing.	leg **e ris**	leg **ā ris**
3. Sing.	leg **i tur**	leg **ā tur**
1. Plur.	leg **i mur**	leg **ā mur**
2. Plur.	leg **i minī**	leg **ā minī**
3. Plur.	leg **u ntur**	leg **a ntur**

- Nach dem konsonantisch auslautenden Stamm wird im Indikativ Präsens mit Ausnahme der 1. Person Singular ein Sprechvokal (**-i-** ; für die 3. Person Plural **-u-**) eingefügt. Der Sprechvokal im Indikativ Präsens Passiv lautet in der 2. Person Singular **-e-**.
- Das Zeichen für den Konjunktiv Präsens lautet **-a-**.
  Zur Verwendung und Übersetzung des Konjunktivs Präsens ↗ S. 113, 119 – 120.

	Imperfekt Aktiv	
	Indikativ	Konjunktiv
1. Sing.	leg **ēba m** – ich las	leg **e re m**
2. Sing.	leg **ēbā s**	leg **e rē s**
3. Sing.	leg **ēba t**	leg **e re t**
1. Plur.	leg **ēbā mus**	leg **e rē mus**
2. Plur.	leg **ēbā tis**	leg **e rē tis**
3. Plur.	leg **ēba nt**	leg **e re nt**

	Imperfekt Passiv	
	Indikativ	Konjunktiv
1. Sing.	leg **ēba r** – ich wurde gelesen	leg **e re r**
2. Sing.	leg **ēbā ris**	leg **e rē ris**
3. Sing.	leg **ēbā tur**	leg **e rē tur**
1. Plur.	leg **ēbā mur**	leg **e rē mur**
2. Plur.	leg **ēbā minī**	leg **e rē minī**
3. Plur.	leg **ēba ntur**	leg **e re ntur**

Indikativ Imperfekt: Signal **-ba-** nach Dehnungsvokal **-e-**.
Konjunktiv Imperfekt: Signal **-re-** nach Sprechvokal **-e-**.
Zur Verwendung und Übersetzung des Konjunktivs Imperfekt ↗ S. 113, 119 – 120.

	Indikativ Futur I	
	Aktiv	Passiv
1. Sing.	leg **a m** – ich werde lesen	leg **a r** – ich werde gelesen werden
2. Sing.	leg **ē s**	leg **ē ri s**
3. Sing.	leg **e t**	leg **ē tur**
1. Plur.	leg **ē mus**	leg **ē mur**
2. Plur.	leg **ē tis**	leg **ē minī**
3. Plur.	leg **e nt**	leg **e ntur**

Signale für das Futur I der konsonantischen Konjugation sind ein **-a-** in der 1. Person Singular, ein **-e-** von der 2. Person Singular bis zur 3. Person Plural.

5. Konjugation (Mischgruppe bzw. „Kurz-i"-Konjugation)

In der 5. Konjugation kann der konsonantische Stammauslaut entweder durch **-i-** oder **-e-** erweitert werden. Sie wird auch als „Kurz-i"-Konjugation bezeichnet.

Beispiel: cap-e-re – fangen

	Präsens Aktiv	
	Indikativ	Konjunktiv
1. Sing.	cap i **ō** – ich fange	cap i **a m**
2. Sing.	cap i **s**	cap i **ā s**
3. Sing.	cap i **t**	cap i **a t**
1. Plur.	cap i **mus**	cap i **ā mus**
2. Plur.	cap i **tis**	cap i **ā tis**
3. Plur.	cap i **u nt**	cap i **a nt**

	Präsens Passiv	
	Indikativ	Konjunktiv
1. Sing.	cap i **or** – ich werde gefangen	cap i **a r**
2. Sing.	cap e **ris**	cap i **ā ris**
3. Sing.	cap i **tur**	cap i **ā tur**
1. Plur.	cap i **mur**	cap i **ā mur**
2. Plur.	cap i **minī**	cap i **ā minī**
3. Plur.	cap i **u ntur**	cap i **a ntur**

Das Konjunktivzeichen der „Kurz-i"-Konjugation ist im Präsens der Vokal **-a-**.
Zur Verwendung und Übersetzung des Konjunktivs Präsens ↗ S. 113, 119 – 120.

In der 3. Person Plural des Indikativs Präsens weist diese Konjugation wie die 3. Konjugation (Beispiel audīre ↗ S. 41) den Sprechvokal **-u-** auf. Beachte den Sprechvokal **-e-** (statt -i-) der 2. Person Singular Indikativ Passiv!

	Imperfekt Aktiv	
	Indikativ	Konjunktiv
1. Sing.	cap i **ēba m** – ich fing	cap **e re m**
2. Sing.	cap i **ēbā s**	cap **e rē s**
3. Sing.	cap i **ēba t**	cap **e re t**
1. Plur.	cap i **ēbā mus**	cap **e rē mus**
2. Plur.	cap i **ēbā tis**	cap **e rē tis**
3. Plur.	cap i **ēba nt**	cap **e re nt**

	Imperfekt Passiv	
	Indikativ	Konjunktiv
1. Sing.	cap i **ēba r** – ich wurde gefangen	cap e **re r**
2. Sing.	cap i **ēbā ris**	cap e **rē ris**
3. Sing.	cap i **ēbā tur**	cap e **rē tur**
1. Plur.	cap i **ēbā mur**	cap e **rē mur**
2. Plur.	cap i **ēbā minī**	cap e **rē minī**
3. Plur.	cap i **ēba ntur**	cap e **re ntur**

Indikativ Imperfekt: Signal **-ba-** mit Dehnungsvokal **-e-**.
Konjunktiv Imperfekt: Signal **-re-** nach Sprechvokal **-e-**.
Zur Verwendung und Übersetzung des Konjunktivs Imperfekt ↗ S. 113, 119 – 120.

	Indikativ Futur I	
	Aktiv	Passiv
1. Sing.	cap i **a m** – ich werde fangen	cap i **a r** – ich werde gefangen werden
2. Sing.	cap i **ē s**	cap i **ē ris**
3. Sing.	cap i **e t**	cap i **ē tur**
1. Plur.	cap i **ē mus**	cap i **ē mur**
2. Plur.	cap i **ē tis**	cap i **ē minī**
3. Plur.	cap i **e nt**	cap i **e ntur**

Signale für das Futur I der „Kurz-i"-Konjugation sind ein **-a-** in der 1. Person Singular, ein **-e-** von der 2. Person Singular bis zur 3. Person Plural.

Das Perfektsystem

Zum Perfektsystem gehören drei Tempora:

- das Perfekt
- das Plusquamperfekt
- das Futur II

Die Formen des **Aktivs** dieser Tempora werden mit einem eigenen **Perfektstamm** gebildet.
Die Formen des **Passivs** dagegen bestehen aus dem **Partizip Perfekt Passiv** (PPP ↗ S. 72 – 73) und den konjugierten Formen des Hilfsverbs **esse** (Tabellen ↗ S. 55 – 56).

Der **Perfektstamm** des Aktivs weist verschiedene Bildungsarten auf, die von den Präsensstämmen weitgehend unabhängig sind:

Perfektstamm	**Beispiel**	**Bemerkungen**
◆ Bildung mit **-v-**	amāre (lieben) amā **v** ī	gilt für die meisten Verben der **a**-Konjugation
◆ Bildung mit **-u-** bei Ausfall des Stammauslauts	tenēre (halten) ten **u** ī	gilt für die meisten Verben der **e**-Konjugation
◆ Bildung mit **-s-**	mittere (schicken) mī **s** ī	
Variante des -**s**-Perfekts	dīcere (sagen) dī **x** ī	**-x-** entstanden aus dī**c-s-ī**
◆ Dehnungs-perfekt	movēre (bewegen) mō v ī	Dehnung des Stammvokals
Variante des Dehnungsperfekts	capere (fangen) cēp ī	Dehnung und Veränderung des Stammvokals
◆ Reduplikation	dare (geben) **ded** ī	Verdoppelung des anlautenden Konsonanten mit Bindevokal
◆ Bildung ohne Veränderung	ostendere (zeigen) ostend ī	Perfektstamm = Präsensstamm
◆ Eigener Stamm	esse (sein) **fu** ī	nur wenige Verben

Zur Verwendung und Übersetzung des Perfekts im Textzusammenhang ↗ S. 115.

Stammformen

Als **Stammformen** eines Verbs bezeichnet man die Abfolge von:

- Infinitiv Präsens Aktiv,
- 1. Person Singular Indikativ Präsens Aktiv,
- 1. Person Singular Indikativ Perfekt Aktiv und
- Partizip Perfekt Passiv (PPP, ↗ S. 72).

Beispiel: **laudāre, laudō, laudāvī, laudātus,a,um**

Lerntipp: Diese Stammformen sind vor allem für die so genannten **unregelmäßigen Verben** wichtig, wenn du ihre Bedeutung aus dem Wörterbuch heraussuchen möchtest. Dort findest du nämlich die 1. Person Singular Indikativ Präsens Aktiv angegeben.
Sie sind ebenfalls wichtig, wenn du **Formen** bilden oder umformen sollst (z. B. vom Präsens in das Perfekt).
Deshalb solltest du nach und nach alle im Lehrbuch vorkommenden Stammformen gründlich lernen!

Konjugation des Perfektsystems

Beachte: Die folgenden Tabellen zum Perfektsystem werden nur am Beispiel eines Verbs der a-Konjugation mit v-Perfekt (↗ Perfektstämme siehe S. 49) gegeben. **Sie gelten aber für sämtliche Perfektstämme aller Konjugationen!**

Die Formen des Perfektsystems Indikativ Aktiv

Die Personalendungen des Perfekts Aktiv sind mit dem **Perfektstamm** verbunden. Du musst sie dir besonders gut einprägen, denn das Perfekt ist ein zentrales Erzähltempus (↗ S. 115) des Lateinischen.

Singular			Plural		
1. Pers.	2. Pers.	3. Pers.	1. Pers.	2. Pers.	3. Pers.
-ī	**-istī**	**-it**	**-imus**	**-istis**	**-ērunt**

Beispiel: laudare – loben

Perfektsystem Indikativ Aktiv			
Perfekt	1. Sing.	laudā v **ī**	ich habe gelobt
	2. Sing.	laudā v **istī**	
	3. Sing.	laudā v **it**	
	1. Plur.	laudā v **imus**	
	2. Plur.	laudā v **istis**	
	3. Plur.	laudā v **ērunt**	
Plusquam-perfekt	1. Sing.	laudā v **era m**	ich hatte gelobt
	2. Sing.	laudā v **erā s**	
	3. Sing.	laudā v **era t**	
	1. Plur.	laudā v **erā mus**	
	2. Plur.	laudā v **erā tis**	
	3. Plur.	laudā v **era nt**	
Futur II	1. Sing.	laudā v **er ō**	ich werde gelobt haben
	2. Sing.	laudā v **eri s**	
	3. Sing.	laudā v **eri t**	
	1. Plur.	laudā v **eri mus**	
	2. Plur.	laudā v **eri tis**	
	3. Plur.	laudā v **eri nt**	

Das Tempuszeichen des **Plusquamperfekts Aktiv** lautet **-era-**, dasjenige des **Futurs II -er-** (+ Sprechvokal **-i-**). Beide sind mit dem **Perfektstamm** des Verbs verbunden.

Lerntipp: Als **Übersetzung** der Perfektformen des Indikativs sind je nach Kontext sowohl das Präteritum als auch das Perfekt möglich (↗ S. 115).

Beispiel: laudāvī – ich habe gelobt/ich lobte

Das Futur II wird im Deutschen kaum noch verwendet. Man ersetzt es durch das Präsens oder Perfekt (↗ S. 114).

Die Formen des Perfektsystems Indikativ Passiv

Im **Passiv** werden **Perfekt**, **Plusquamperfekt** und **Futur II** aus zwei getrennten Formen (**PPP** + eine konjugierte Form des Hilfsverbs **esse**) gebildet.
Dabei bildet das PPP mit dem Präsens von esse das Perfekt Passiv, mit dem Imperfekt von esse das Plusquamperfekt Passiv und mit dem Futur I von esse das Futur II Passiv.
Die Formen des PPP richten sich im Femininum nach der a-, im Maskulinum und Neutrum nach der o-Deklination (↗ S. 10 und S. 11).

Perfektsystem Indikativ Passiv				
Perfekt	1. Sing.	laudātus,a,um	sum	ich bin gelobt worden
	2. Sing.	laudātus,a,um	es	
	3. Sing.	laudātus,a,um	est	
	1. Plur.	laudātī,ae,a	sumus	
	2. Plur.	laudātī,ae,a	estis	
	3. Plur.	laudātī,ae,a	sunt	
Plusquam-perfekt	1. Sing.	laudātus,a,um	eram	ich war gelobt worden
	2. Sing.	laudātus,a,um	erās	
	3. Sing.	laudātus,a,um	erat	
	1. Plur.	laudātī,ae,a	erāmus	
	2. Plur.	laudātī,ae,a	erātis	
	3. Plur.	laudātī,ae,a	erant	
Futur II	1. Sing.	laudātus,a,um	erō	ich werde gelobt worden sein
	2. Sing.	laudātus,a,um	eris	
	3. Sing.	laudātus,a,um	erit	
	1. Plur.	laudātī,ae,a	erimus	
	2. Plur.	laudātī,ae,a	eritis	
	3. Plur.	laudātī,ae,a	erunt	

Beachte: Die Formen von **esse** (↗ Tabellen S. 55 – 56) solltest du dir auch deshalb gut einprägen, weil sie für die Bildung des **Passivs** im Perfektsystem gebraucht werden.

Lerntipp: Als Übersetzung der Perfektformen des Indikativs sind je nach Kontext sowohl das Präteritum als auch das Perfekt möglich (↗ S. 115).

Beispiel: **laudāta est** – sie ist gelobt worden/sie wurde gelobt

Das Futur II wird im Deutschen kaum noch verwendet. Man ersetzt es in der Regel durch ein Präsens oder Perfekt (↗ S. 114).

Perfektsystem Konjunktiv Aktiv und Passiv

Beispiel: **laudāre** – loben

Perfektsystem Konjunktiv Aktiv		
Perfekt	1. Sing.	laudā v **eri m**
	2. Sing.	laudā v **eri s**
	3. Sing.	laudā v **eri t**
	1. Plur.	laudā v **eri mus**
	2. Plur.	laudā v **eri tis**
	3. Plur.	laudā v **eri nt**
Plusquamperfekt	1. Sing.	laudā v **isse m**
	2. Sing.	laudā v **issē s**
	3. Sing.	laudā v **isse t**
	1. Plur.	laudā v **issē mus**
	2. Plur.	laudā v **issē tis**
	3. Plur.	laudā v **isse nt**

Die Tempus- und Moduszeichen lauten für Konjunktiv Perfekt Aktiv **-eri-**, für den Konjunktiv Plusquamperfekt Aktiv **-isse-**, jeweils im Anschluss an den **Perfektstamm** des Verbs.

Beachte: Die Übersetzung der Perfekt- und Plusquamperfektformen des Konjunktivs hängt von ihrer Verwendung im Hauptsatz (↗S. 119) bzw. Nebensatz (↗ S. 123) ab. Wir haben deshalb in den Tabellen bei den Konjunktivformen auf eine Übersetzung verzichtet.

Lerntipp: Der **Konjunktiv Perfekt Aktiv** hat – mit Ausnahme der 1. Person Singular – die gleichen Formen wie der **Indikativ Futur II**. Du wirst sie dennoch kaum miteinander verwechseln, da das Futur II (im Nebensatz) meist zusammen mit einem Futur I (im Hauptsatz) verwendet wird.

Die Formen des **Konjunktivs Passiv** bestehen (wie die entsprechenden Formen des Indikativs) aus dem **Partizip Perfekt Passiv** und dem Hilfsverb **esse**, das beim Perfekt Passiv im Konjunktiv Präsens erscheint, beim Plusquamperfekt Passiv im Konjunktiv Imperfekt.

Perfektsystem Konjunktiv Passiv			
Perfekt	1. Sing.	laudātus,a,um	sim
	2. Sing.	laudātus,a,um	sīs
	3. Sing.	laudātus,a,um	sit
	1. Plur.	laudātī,ae,a	sīmus
	2. Plur.	laudātī,ae,a	sītis
	3. Plur.	laudātī,ae,a	sint
Plusquamperfekt	1. Sing.	laudātus,um	esse m
	2. Sing.	laudātus,a,um	essē s
	3. Sing.	laudātus,a,um	esse t
	1. Plur.	laudātī,ae,a	essē mus
	2. Plur.	laudātī,ae,a	essē tis
	3. Plur.	laudātī,ae,a	esse nt

Die Verben esse, posse, prōdesse, velle, nōlle, mālle, īre, ferre, fierī

Einige häufig als „unregelmäßig" bezeichnete Verben kommen in der lateinischen Sprache sehr oft vor. Vor allem im **Präsenssystem,** insbesondere im Präsens selbst, weisen sie einige Abweichungen von den regelmäßig konjugierten Verben auf. Im **Perfektsystem** dagegen zeigen sie außer besonderen Perfektstämmen keine Unregelmäßigkeiten. Neben diesen sehr häufig vorkommenden „unregelmäßigen" Verben solltest du auch die **Stammformen** weiterer Verben mit leichten Abweichungen von der regelmäßigen Bildungsweise wie Vokabeln lernen.

Lerntipp: Vor allem die Formen von **esse** musst du dir genau einprägen, weil dieses Verb häufig als Kopula (Hilfsverb) gebraucht wird – besonders zur Bildung des Passivs des Perfektsystems (↗ S. 52 – 54).

Beachte: In den folgenden Tabellen werden die Formen des Konjunktivs nicht übersetzt. Zu den verschiedenen Möglichkeiten, den Konjunktiv zu übersetzen, ↗ S. 113 und S. 119.

Das Hilfsverb esse – sein

	Präsens	
	Indikativ	Konjunktiv
1. Sing.	su m – ich bin	si m
2. Sing.	e s	sī s
3. Sing.	es t	si t
1. Plur.	su mus	sī mus
2. Plur.	es tis	sī tis
3. Plur.	su nt	si nt

	Imperfekt	
	Indikativ	Konjunktiv
1. Sing.	era m – ich war	esse m
2. Sing.	erā s	essē s
3. Sing.	era t	esse t
1. Plur.	erā mus	essē mus
2. Plur.	erā tis	essē tis
3. Plur.	era nt	esse nt

	Indikativ Futur I
1. Sing.	er ō – ich werde sein
2. Sing.	er i s
3. Sing.	er i t
1. Plur.	er i mus
2. Plur.	er i tis
3. Plur.	er u nt

	Perfekt	
	Indikativ	Konjunktiv
1. Sing.	fu ī – ich bin gewesen	fu eri m
2. Sing.	fu istī	fu eri s
3. Sing.	fu it	fu eri t
1. Plur.	fu imus	fu eri mus
2. Plur.	fu istis	fu eri tis
3. Plur.	fu ērunt	fu eri nt

	Plusquamperfekt	
	Indikativ	Konjunktiv
1. Sing.	fu era m – ich war gewesen	fu isse m
2. Sing.	fu erā s	fu issē s
3. Sing.	fu era t	fu isse t
1. Plur.	fu erā mus	fu issē mus
2. Plur.	fu erā tis	fu issē tis
3. Plur.	fu era nt	fu isse nt

	Indikativ Futur II
1. Sing.	fu er ō – ich werde gewesen sein
2. Sing.	fu eri s
3. Sing.	fu eri t
1. Plur.	fu eri mus
2. Plur.	fu eri tis
3. Plur.	fu eri nt

Lerntipp: Das Lernen der Formen von **esse** wird dir nicht schwer fallen, da die Personalendungen die gleichen sind wie bei den regelmäßig konjugierten Verben (wie z. B. amāre, ↗ S. 35).

Der **Perfektstamm** von esse lautet **fu-**. Die Formen des Perfekts und des Plusquamperfekts lauten also:
fu-ī – ich bin gewesen, **fu-istī** – du bist gewesen usw.
fu-eram – ich war gewesen, **fu-erās** – du warst gewesen usw.

Der **Infinitiv Futur** von esse lautet **fore** (= futūrum esse), das **Partizip Futur** lautet **futūrus,a,um**.

Auf der Grundlage der Formen von esse werden sämtliche **Komposita** (↗ S. 31) gebildet, z. B. **ad-esse** – anwesend sein, **inter-esse** – teilnehmen.

Das Verb posse – können

	Präsens	
	Indikativ	Konjunktiv
1. Sing.	pos sum – ich kann	pos sim
2. Sing.	pot es	pos sīs
3. Sing.	pot est	pos sit
1. Plur.	pos sumus	pos sīmus
2. Plur.	pot estis	pos sītis
3. Plur.	pos sunt	pos sint

Beachte: Im Indikativ Präsens Singular findest du vor den mit **s** anlautenden Formen von esse die Vorsilbe **pos-**, vor den mit Vokal anlautenden dagegen **pot-**.

	Imperfekt	
	Indikativ	Konjunktiv
1. Sing.	pot era m – ich konnte	posse m
2. Sing.	pot erā s	possē s
3. Sing.	pot era t	posse t
1. Plur.	pot erā mus	possē mus
2. Plur.	pot erā tis	possē tis
3. Plur.	pot era nt	posse nt

	Indikativ Futur I
1. Sing.	pot er ō – ich werde können
2. Sing.	pot er i s
3. Sing.	pot er i t
1. Plur.	pot er i mus
2. Plur.	pot er i tis
3. Plur.	pot er u nt

Der **Perfektstamm** von posse lautet **potu-**, die Formen des Perfekts, Plusquamperfekts und des Futurs II werden regelmäßig gebildet:
Perfekt: **potu-ī** – ich habe gekonnt/ich konnte
Plusquamperfekt: **potu-era-m** – ich hatte gekonnt
Futur II: **potu-er-ō** – ich werde gekonnt haben

Lerntipp: Auch die Formen des Konjunktivs werden nach dem normalen Schema gebildet (↗ S. 53).

Das Verb prōdesse – nützen

Die Formen von prōdesse sind regelmäßig (sie bestehen aus dem Präfix **prō** + **esse**). Im Indikativ Präsens Aktiv erscheint vor den mit Vokal anlautenden Formen von **esse** ein **-d-**, vor den mit **s** anlautenden entfällt es dagegen.

	Präsens	
	Indikativ	Konjunktiv
1. Sing.	prō sum – ich nütze	prō sim
2. Sing.	prōd es	prō sīs
3. Sing.	prōd est	prō sit
1. Plur.	prō sumus	prō sīmus
2. Plur.	prōd estis	prō sītis
3. Plur.	prō sunt	prō sint

Der **Perfektstamm** von prōdesse lautet **prōfu-**:
prō**fu**it – er, sie, es hat genützt
prō**fu**erat – er, sie, es hatte genützt

Die Verben velle – wollen, nōlle – nicht wollen, mālle – lieber wollen

Lerntipp: Die Besonderheiten des Verbums **velle** sind vor allem bei den Formen des Indikativs Präsens zu beobachten, der mehrere verschiedene Stämme aufweist.

Das **Partizip Präsens** lautet **volēns, volentis** – wollend. Der **Perfektstamm** lautet auf **-u-**: **voluī** – ich habe gewollt/wollte.

	Präsens	
	Indikativ	Konjunktiv
1. Sing.	vol ō – ich will	veli m
2. Sing.	vī s	velī s
3. Sing.	vul t	veli t
1. Plur.	volu mus	velī mus
2. Plur.	vultis	velī tis
3. Plur.	vol u nt	veli nt

	Imperfekt	
	Indikativ	Konjunktiv
1. Sing.	vol ēba m – ich wollte	velle m
2. Sing.	vol ēbā s	vellē s
3. Sing.	vol ēba t	velle t
1. Plur.	vol ēbā mus	vellē mus
2. Plur.	vol ēbā tis	vellē tis
3. Plur.	vol ēba nt	velle nt

	Indikativ Futur I
1. Sing.	vol a m – ich werde wollen
2. Sing.	vol ē s
3. Sing.	vol e t
1. Plur.	vol ē mus
2. Plur.	vol ē tis
3. Plur.	vol e nt

Auf der Grundlage von **velle** werden zwei weitere Verben gebildet: **nōlle** – nicht wollen und **mālle** – lieber wollen. Beide weisen nur im Indikativ Präsens Besonderheiten auf:

	Indikativ Präsens	
	nōlle	**mālle**
1. Sing.	nōlō – ich will nicht	māl ō – ich will lieber
2. Sing.	nōn vīs	mā vīs
3. Sing.	nōn vult	mā vult
1. Plur.	nōl u mus	māl u mus
2. Plur.	nōn vultis	mā vultis
3. Plur.	nōl u nt	māl u nt

Beachte: Drei Formen des Präsens von **nōlle** (2. und 3. Person Singular, 2. Person Plural) bestehen aus zwei getrennten Wörtern, nämlich der Verneinung **nōn** und der konjugierten Form von **velle**.

Der **Perfektstamm** von nōlle lautet nōlu-, von mālle mālu-. Die Formen des **Konjunktivs** beider Verben entsprechen denen des Verbs velle (S. 61, also nōlim usw., mālim usw.).

Das Verb īre – gehen

	Präsens	
	Indikativ	Konjunktiv
1. Sing.	e ō – ich gehe	eam
2. Sing.	ī s	e ā s
3. Sing.	i t	e a t
1. Plur.	ī mus	e ā mus
2. Plur.	ī tis	e ā tis
3. Plur.	e u nt	e a nt

	Imperfekt	
	Indikativ	Konjunktiv
1. Sing.	ī ba m – ich ging	ī re m
2. Sing.	ī bā s	ī rē s
3. Sing.	ī ba t	ī re t
1. Plur.	ī bā mus	ī rē mus
2. Plur.	ī bā tis	ī rē tis
3. Plur.	ī ba nt	ī re nt

	Indikativ Futur I
1. Sing.	ī b ō – ich werde gehen
2. Sing.	ī b i s
3. Sing.	ī b i t
1. Plur.	ī b i mus
2. Plur.	ī b i tis
3. Plur.	ī b u nt

- Der **Präsensstamm** von īre erscheint als e- vor den Vokalen der Personalendung **-ō-**, des Sprechvokals **-u-** sowie des Moduszeichens **-a-**.
- Das **Partizip Präsens** lautet i**ē**n**s**, eu**nt**is – gehend, das **Gerundium** eun**d**-ī, eu**nd**-ō, (ad) eu**nd**-um, eu**nd**-ō.
- Die **Imperative** haben die regelmäßigen Formen **ī**! – gehe! sowie **īte**! – geht!
- Der **Perfektstamm** lautet **ī**-, also **i**ī – ich bin gegangen/ging, **i**eram – ich war gegangen. Vor einer Personalendung mit -s- verschmelzen die beiden i-Laute in der Regel zu einem langen i, z.B. īstī – du bist gegangen/du gingst.

Lerntipp: Es gibt eine Vielzahl an **Komposita** (↗ S. 31) des Verbs īre, die sich alle nach den Formen des Grundverbs richten.

Beispiele:

trāns-īre	hinüber-gehen
ob-īre	entgegen-gehen

Das Verb ferre – tragen

Das Verb ferre weist drei unterschiedliche Stämme auf. Seine **Stammformen** lauten: ferō, tulī, lātus,a,um. Besonderheiten zeigen vor allem die Formen des Indikativs Präsens Aktiv.

	Präsens Aktiv	
	Indikativ	Konjunktiv
1. Sing.	fer ō – ich trage	fer a m
2. Sing.	fer s	fer ā s
3. Sing.	fer t	fer a t
1. Plur.	fer i mus	fer ā mus
2. Plur.	fer tis	fer ā tis
3. Plur.	fer u nt	fer a nt

	Imperfekt Aktiv	
	Indikativ	Konjunktiv
1. Sing.	fer ēba m – ich trug	fer re m
2. Sing.	fer ēbā s	fer rē s
3. Sing.	fer ēba t	fer re t
1. Plur.	fer ēbā mus	fer rē mus
2. Plur.	fer ēbā tis	fer rē tis
3. Plur.	fer ēba nt	fer re nt

	Indikativ Futur I Aktiv
1. Sing.	fer a m – ich werde tragen
2. Sing.	fer ē s
3. Sing.	fer e t
1. Plur.	fer ē mus
2. Plur.	fer ē tis
3. Plur.	fer e nt

Lerntipp: Auch ferre hat – wie esse und īre – eine Vielzahl von **Komposita** (↗ S. 31), die sich ebenfalls nach den Formen des Grundverbs richten. Es ist also sehr nützlich, diese Formen gründlich zu lernen!

Beispiele:

circum-ferre	herum-tragen
cōn-ferre	zusammen-tragen

Das Verb fierī – werden, geschehen

	Präsens Aktiv	
	Indikativ	Konjunktiv
1. Sing.	fī ō – ich werde	fi a m
2. Sing.	fī s	fi ā s
3. Sing.	fi t	fi a t
1. Plur.	fī mus	fi ā mus
2. Plur.	fī tis	fi ā tis
3. Plur.	fī u nt	fi a nt

	Imperfekt Aktiv	
	Indikativ	Konjunktiv
1. Sing.	fī ēba m – ich wurde	fi e re m
2. Sing.	fī ēbā s	fi e rē s
3. Sing.	fī ēba t	fi e re t
1. Plur.	fī ēbā mus	fi e rē mus
2. Plur.	fī ēbā tis	fi e rē tis
3. Plur.	fī ēba nt	fi e re nt

	Indikativ Futur I
1. Sing.	fī a m – ich werde werden
2. Sing.	fī ē s
3. Sing.	fī e t
1. Plur.	fī ē mus
2. Plur.	fī ē tis
3. Plur.	fī e nt

Beachte: fierī ist ein **Semideponens** (↗ S. 70). Sein **Perfekt** lautet **factus,a,um sum**.
Das Passiv von **facere** (tun, machen) wird im Präsenssystem durch die Formen von **fierī** ersetzt.
Der Infinitiv Futur lautet **fore**, das Partizip Futur **futūrus,a,um** (gleiche Formen wie bei esse).

Deponenzien und Semideponenzien

Zu allen fünf Konjugationen (↗ S. 33) gibt es im Lateinischen eine Reihe von Verben, die trotz ihrer **Passiv-Endungen aktivische Bedeutung** haben, also **aktiv** übersetzt werden müssen. Diese Verben haben gleichsam ihr Genus verbi Passiv „abgelegt" (dēpōnere – ablegen) und werden deshalb als **Deponenzien** (im Singular jedoch: **Deponens**) bezeichnet. Bei einigen von ihnen ist dies nur teilweise (entweder im Präsenssystem oder im Perfektsystem) der Fall: Diese Verben heißen **Semideponenzien** (↗ S. 70).

Deponenzien

Lerntipp: Die Bildungsweise der Deponenzien ist formal mit derjenigen der Passivformen der übrigen Verben identisch: Du findest die gleichen **Tempussignale**, die gleichen **Modussignale**, die gleichen **Personalendungen**. Lernen musst du also vor allem, welche Verben zu dieser Gruppe gehören.
Hier einige Beispiele:

Beispiel: **hortā-rī** – ermahnen

	Präsens	
	Indikativ	Konjunktiv
1. Sing.	hort **or** – ich ermahne	hort **e r**
2. Sing.	hortā **ris**	hort **ē ris**
3. Sing.	hortā **tur**	hort **ē tur**
1. Plur.	hortā **mur**	hort **ē mur**
2. Plur.	hortā **minī**	hort **ē minī**
3. Plur.	horta **ntur**	hort **e ntur**

	Imperfekt	
	Indikativ	Konjunktiv
1. Sing.	hortā **ba r** – ich ermahnte	hortā **re r**
2. Sing.	hortā **bā ris**	hortā **rē ris**
3. Sing.	hortā **bā tur**	hortā **rē tur**
1. Plur.	hortā **bā mur**	hortā **rē mur**
2. Plur.	hortā **bā minī**	hortā **rē minī**
3. Plur.	hortā **ba ntur**	hortā **re ntur**

	Indikativ Futur I
1. Sing.	hortā **b or** – ich werde ermahnen
2. Sing.	hortā **b e ri s**
3. Sing.	hortā **b i tur**
1. Plur.	hortā **b i mur**
2. Plur.	hortā **b i minī**
3. Plur.	hortā **b u ntur**

Alle Deponenzien sind an ihren **Stammformen** sofort zu erkennen (passivisch).

Beispiele:
hortārī, hortor, hortātus sum – ermahnen
verērī, vereor, veritus sum – fürchten
experīrī, experior, expertus sum – versuchen
loquī, loquor, locūtus sum – sprechen
patī, patior, passus sum – leiden, erdulden
(Weitere Deponenzien ↗ S. 89)

Beachte: Die Endung des selten vorkommenden **Imperativs Singular** der Deponenzien lautet **-re** und kann leicht mit einem Infinitiv Präsens Aktiv verwechselt werden!

Beispiel: hortā-**re**! – ermahne!

Beachte: Der **Imperativ Plural** der Deponenzien hat die gleiche Endung wie die 2. Person Plural, nämlich hortā-minī (ihr ermahnt/ermahnt!). Bei der Übersetzung musst du also genau auf den Zusammenhang und die Zeichensetzung (Ausrufezeichen am Satzende) achten!

Das **Partizip Perfekt Passiv** der Deponenzien ist zwar formal Perfekt Passiv, wird aber in der Regel als Aktiv der Gleichzeitigkeit übersetzt (↗ S. 103).

Deponenzien besitzen zusätzliche regelmäßig gebildete Formen des Partizips Präsens Aktiv (↗ S. 72), des Partizips Futur Aktiv (↗ S. 72), des Gerundiums (↗ S. 74) und Gerundivums (↗ S. 74) sowie der Supina (↗ S. 75).

Semideponenzien

Semideponenzien verfügen über passivische **und** aktivische Formen.
Die folgenden Semideponenzien kommen häufiger vor:

Präsenssystem Aktiv, Perfektsystem als Deponens:

audēre, audeō, ausus sum – wagen
gaudēre, gaudeō, gāvīsus sum – sich freuen
solēre, soleō, solitus sum – gewohnt sein, pflegen
cōnfīdere, cōnfīdō, cōnfīsus sum – vertrauen

Präsenssystem als Deponens, Perfektsystem Aktiv:

revertī, revertor, revertī – zurückkehren

Beachte: Die Form revertī kann also Infinitiv Präsens sein (zurückkehren) oder 1. Person Singular Indikativ Perfekt Aktiv (ich bin zurückgekehrt/ich kehrte zurück).

Beachte: Ein Semideponens ist ebenfalls fierī (↗ S. 66 – 67).

Die Nominalformen des Verbs

Die Nominalformen des Verbs behalten zwar ihren verbalen Charakter bei, indem sie Ergänzungen (Objekte und adverbiale Bestimmungen) bei sich haben, werden aber mit Ausnahme der Infinitive wie Nomina dekliniert. Sie gleichen sich teilweise in Kasus, Numerus und Genus an ein Bezugswort an.

Die Infinitive (Grundformen)

Infinitive geben keine Information über Person, Numerus und Modus. Sie werden als Subjekt (↗ S. 93) und Akkusativobjekt (↗ S. 94) sowie als Teil von AcI (↗ S. 94) und NcI (↗ S. 100) gebraucht.

	Perfekt Vorzeitigkeit	**Präsens** Gleichzeitigkeit	**Futur** Nachzeitigkeit
Aktiv	laudā v **isse** – gelobt haben	laudā **re** – loben	laudātūrus,a,um esse – im Begriff sein, zu loben
Passiv	laudātus,a,um esse – gelobt worden sein	laudā **rī** – gelobt werden	laudātum īrī (selten) – im Begriff sein, gelobt zu werden

Lerntipp: Der Infinitiv Präsens Passiv der langvokalischen Konjugationen ist am Signal **-rī** zu erkennen. Die konsonantische und „Kurz-i“-Konjugation haben nur ein **-ī** als Zeichen für diese Form. Du darfst sie nicht mit der 1. Person Singular Indikativ Perfekt Aktiv verwechseln, die zwar auf -ī endet, aber mit dem Perfektstamm verbunden ist.

Beispiele:

Infinitiv Präsens Passiv		1. Pers. Sing. Ind. Perf. Akt.	
dūc**ī**	geführt werden	dūx**ī**	ich habe geführt
cap**ī**	gefangen werden	cēp**ī**	ich habe gefangen

Die Partizipien

Das Partizip ist eine Mischform zwischen Verb und Adjektiv (Verbaladjektiv). Es wird – wie ein Adjektiv – attributiv (↗ S.101), prädikativ (↗ S. 102) und als Prädikatsnomen (↗ S. 101) gebraucht und gleicht sich in Kasus, Numerus und Genus an sein Bezugswort an. Es bewahrt seinen verbalen Charakter, sodass es durch Objekte und adverbiale Bestimmungen erweitert werden kann.

	Perfekt Vorzeitigkeit	**Präsens** Gleich- zeitigkeit	**Futur** Nachzeitigkeit
Aktiv	---	laudā **ns** lauda **nt is** (usw.) – lobend	laudā tūrus,a,um – im Begriff zu loben/ um zu loben
Passiv	laudā **tus**,a,um – gelobt	---	---

Beachte: Es sind verschiedene Abkürzungen für die Partizipien gebräuchlich. Wir haben uns für PPP, PPA und PFA entschieden.

PPP = **P**artizip **P**erfekt **P**assiv
PPA = **P**artizip **P**räsens **A**ktiv
PFA = **P**artizip **F**utur **A**ktiv

Als Mischform von Verb und Adjektiv (Verbaladjektiv) werden Partizipien **dekliniert**. Das PPP und das PFA nehmen die Endungen der a/o-Deklination an, das PPA dagegen die der gemischten Deklination (Singular nach der konsonantischen Deklination, Plural nach der i-Deklination, ↗ S. 14).

Die Tabelle oben verdeutlicht, dass es im Lateinischen bei den Partizipien keine vollständige Kombination von Zeitverhältnissen und Genera verbi gibt. Eine Besonderheit bildet das

PPP der Deponenzien (↗ S. 67), das die Gleichzeitigkeit im Aktiv ausdrücken kann, obwohl es formal ein Perfekt Passiv ist.

Beispiel: arbitrā**tus**, a,um – mein**end**

Das **Partizip Perfekt Passiv** besitzt einen eigenen **Stamm**, der sich bei vielen Verben nicht einfach erschließen lässt, obwohl er oft große Ähnlichkeit mit dem Perfekt-Aktiv-Stamm aufweist. Während die regelmäßige Bildung des **PPP** durch das Signal **-tus,a,um** (laudāre → laudā-**tus,a,um** – gelobt) oder **-sus,a,um** (mittere → mis-**sus,a,um** – geschickt) problemlos zu erkennen ist, musst du bei den so genannten unregelmäßigen Verben (↗ S. 55) die **Stammformen** lernen.

Beispiel:
dē**cern**ere, dē**cern**-ō, dē**crēv**-ī, dē**crē**-tus,a,um – beschließen

Zur Verwendung der Partizipien ↗ S. 101.

Das Gerundium

Das Gerundium ist eine Mischung aus Verb und Substantiv (**Verbalsubstantiv**) und am Signal **-nd-** zu erkennen. Es kommt nur als **Neutrum Singular** vor und hat stets **aktivische** Bedeutung. Es wird nach der o-Deklination **dekliniert**, kommt aber nicht in allen Kasus vor (siehe die folgende Tabelle).
Im Akkusativ wird es nur nach Präpositionen (meist ad) verwendet, im Ablativ ebenfalls oft mit Präpositionen (meist in), im Dativ steht es sehr selten. Es ergänzt den substantivierten Infinitiv, der im Nominativ (als Subjekt) und im Akkusativ (als Objekt) verwendet wird.

Beispiel: legere – lesen

Nom.	leg **e re**		das Lesen
Gen.		leg **e nd** ī	des Lesens
Dat.		leg **e nd** ō	dem Lesen
Akk.	leg **e re**		das Lesen
		ad leg **e nd** um	zum Lesen
Abl.		(in) leg **e nd** ō	beim Lesen

Beachte: Die Bildungsweise des **Gerundiums** und des **Gerundivums** (siehe unten) zeigt den Sprechvokal **-e-** bei der i-Konjugation, der konsonantischen sowie der „Kurz-i"-Konjugation. Bei der **a-** und der **e-**Konjugation tritt das Signal **-nd-** direkt an den Stamm (rīdē re → rīde **nd** ī).
Zur Verwendung des Gerundiums ↗ S. 109.

Obwohl das Gerundium eine aktivische Form ist, wird es auch von den Deponenzien gebildet.

Beispiel:

Praetor loquendī causā rōstra adiit. — Der Praetor betrat die Bühne, um zu sprechen.

Das Gerundivum

Anders als das Gerundium ist das **Gerundivum** eine Mischform von Verb und Adjektiv (**Verbaladjektiv**). Es wird immer **passivisch** gebraucht und ist wie das Gerundium am Signal **-nd-** zu erkennen. Du kannst es von ihm unterscheiden, weil es nicht nur die wenigen Formen des Gerundiums, sondern sämtliche Formen eines **Adjektivs der a/o-Deklination** in allen Kasus, Numeri und Genera annehmen kann (wie z. B. clārus,a,um ↗ S. 12).

Beispiele:

amā re	ama **nd** us,a,um
rīdē re	rīde **nd** us,a,um
audī re	audi e **nd** us,a,um
leg e re	leg e **nd** us,a,um
cap e re	cap i e **nd** us,a,um
Deponens: verē rī	vere **nd** us,a,um

Beachte: Das Gerundivum wird im Satz als Attribut, Prädikativum oder Prädikatsnomen verwendet. Seine Übersetzung hängt von seiner Verwendung im Satz ab (↗ S. 110).

Beachte: Die Bildungsweise des **Gerundivums** zeigt den Sprechvokal **-e-** bei der i-Konjugation, der konsonantischen sowie der „Kurz-i"-Konjugation. Bei der **a-** und der **e-**Konjugation tritt das Signal **-nd-** direkt an den Stamm (rīdē re → rīde-**nd**-us,a,um).

Das Supinum

Das **Supinum** ist ein **Verbalsubstantiv** (eine Mischform aus Verb und Substantiv), das den gleichen Stamm wie das PPP (↗ S. 73) aufweist. Es richtet sich formal nach der **u-Deklination**, kommt aber nur im Akkusativ Singular (Endung -um) und im Ablativ Singular (Endung - ū) vor.

Beispiel:

Geōmetria difficilis intellectū est.	Die Geometrie ist schwer zu verstehen.

Die Supina I und II sind recht selten. Zur Verwendung der Supina ↗ S. 111.

Satzlehre

Textverständnis und Übersetzung (↗ S. 137) eines lateinischen Textes sind nur möglich, wenn du die Aufbauprinzipien des einfachen Satzes und die Architektur des Gefüges aus Haupt- und Nebensätzen verstehst. Das folgende Kapitel liefert dir die Informationen, die du für die Analyse lateinischer Sätze benötigst.

Wortarten und Satzfunktionen

- Die Einteilung der Wörter in **Wortarten** verweist auf ihren möglichen **Gebrauch** als Satzglieder/Satzgliedteile, auch **Satzfunktion** genannt.
- So werden die **Nomina** (alle deklinierbaren Wortarten, d.h. Substantive, Pronomina, Adjektive und Numeralia) sowie die **Nominalformen des Verbs** (Partizipien, Gerundium und Gerundivum) in der Funktion des Subjekts, Objekts, der adverbialen Bestimmung, des Prädikativums oder des Attributs gebraucht, die **konjugierten Formen des Verbs** als Prädikat, **Adverbien** als adverbiale Bestimmungen.
- **Präpositionen** (↗ Seite 92) findet man nur gemeinsam mit Nomina, deren Kasus sie bestimmen („regieren"); eine solche Wortgruppe kann im Satz als adverbiale Bestimmung oder als präpositionales Objekt erscheinen.
- **Konjunktionen** (↗ Seite 127 – 128) haben keine eigene Satzfunktion. Sie verbinden Satzglieder und Satzgliedteile miteinander. Sie verbinden aber auch Hauptsätze (koordinierende Konjunktionen) sowie Haupt- mit Nebensätzen (subordinierende Konjunktionen, auch als **Subjunktionen** bezeichnet). Insgesamt heißen diese Verbindungswörter **Konnektoren**.

Beachte: Ohne gründliche Kenntnis der Formenlehre kannst du weder einen Text verstehen noch ihn übersetzen.

Die folgende Übersicht verdeutlicht den Zusammenhang von Wortarten und Satzfunktionen:

Wortart	Verwendung	Satzfunktion
Substantiv	deklinierbar	Subjekt, Objekt, Attribut, Prädikatsnomen, Prädikativum
Pronomen	deklinierbar	wie Substantiv
Numerale	teilweise deklinierbar	wie Substantiv
Adjektiv	deklinierbar, steigerbar	Attribut, Prädikatsnomen, Prädikativum
Vollverb	konjugierbar	Prädikat (verbales)
Hilfsverb (esse)	konjugierbar, wird durch ein Nomen ergänzt	Prädikat (nominales)
Adverb	steigerbar, nicht deklinierbar	adverbiale Bestimmung
Präposition	wird einem Nomen in einem bestimmten Kasus (↗ S. 92) hinzugefügt	adverbiale Bestimmung, präpositionales Objekt
Konjunktion/ Subjunktion	verbindet Satzteile oder Sätze	

Beachte: Den bestimmten und unbestimmten **Artikel** (↗ S. 9) kennt das Lateinische im Gegensatz zum Deutschen nicht. Er wird bei der Übersetzung aus dem Textzusammenhang erschlossen.

Lerntipp: Es erleichtert das Verständnis eines Satzes, wenn dir die **Satzfunktion** der einzelnen Wörter klar geworden ist. Die möglichen Satzfunktionen verdeutlicht dir das folgende **Satzmodell**. Es zeigt vor allem, dass es nur eine sehr geringe Anzahl von Satzfunktionen gibt, und zwar: Prädikat – Subjekt – Objekt(e) – adverbiale Bestimmungen – Attribute.

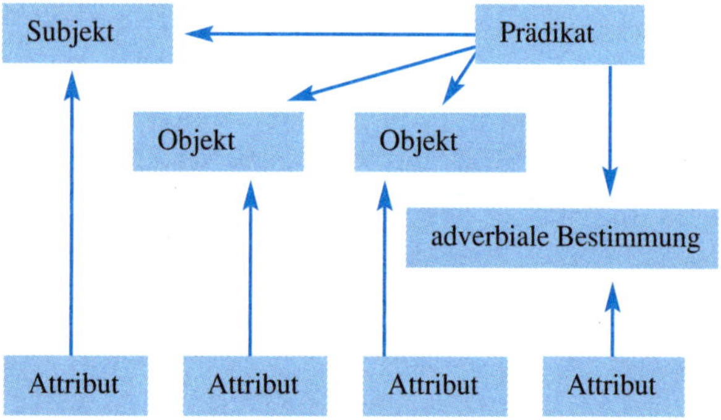

Einen Sonderfall bildet das **Prädikativum** (↗ S. 82) als Mischform von adjektivischem Attribut und adverbialer Bestimmung. Zur Apposition ↗ S. 81.

Prädikat, Hilfsverb und Prädikatsnomen

Das Prädikat ist das zentrale Satzglied. Es informiert darüber, was ist oder was geschieht. Es besteht aus einem **konjugierten** Verb (mit Informationen über Person, Numerus, Modus, Tempus und Genus verbi ↗ S. 30). Manchmal ist das Subjekt bereits in der Personalendung des Prädikats enthalten.

Beispiel: Marcus rīdet. Interroga**t**: Quis adest?
Marcus lacht. **Er** fragt: Wer ist da?

Im Lateinischen ist das Wort **interrogat** ein vollständiger Satz, der aus Subjekt und Prädikat besteht. Das **Subjekt** wird durch die Personalendung **-t** repräsentiert.

An die Stelle des einfachen konjugierten Verbs (**verbales Prädikat**) kann eine Form des **Hilfsverbs** (Kopula) **esse** (sein) zusammen mit einem **Prädikatsnomen** treten.

Beispiel:

Vīta **iucunda est**.	Das Leben ist angenehm.

Das nominale Prädikat **iucunda est** besteht aus **est** (Kopula) und **iucunda** (Prädikatsnomen).

Beachte: Dieses Prädikatsnomen ist meist ein Adjektiv, es kann jedoch ebenfalls ein Substantiv oder ein Pronomen sein. Es ist mit dem Subjekt **kongruent** (↗ S. 80).

Beispiel:

Magistrī Rōmānōrum saepe **sēvērī** erant.	Die Lehrer der Römer waren oft streng.

Das Adjektiv **sēvērī** ist von der Satzfunktion her ein Prädikatsnomen. Es stimmt in Kasus, Numerus und Genus (KNG) mit dem Subjekt überein (Nominativ Plural Maskulinum).

Beachte: Sehr wichtig, weil zur Bildung des Passivs des Perfektsystems (↗ S. 52) erforderlich, ist das **Partizip Perfekt Passiv** (**PPP** ↗ S. 73) als **Prädikatsnomen**.

Beispiel:

Carthāgō ā Rōmānīs **dēlēta** est.	Karthago wurde von den Römern zerstört.

Das Partizip **dēlēta** ist mit dem Subjekt in **Kasus**, **Numerus** und **Genus kongruent**, beide sind nämlich Nominativ Singular Femininum.

Beachte: Die Satzfunktion des Prädikatsnomens kann auch ein Substantiv in einem anderen Kasus (im Genitiv, Dativ oder Ablativ) wahrnehmen. Du findest die Hinweise darauf unter den Ausführungen zur **Kasuslehre** (↗ S. 83).

Subjekt

Die Satzfunktion des Subjekts wird meist durch ein **Nomen** ausgefüllt, das immer im Nominativ erscheint. Auch **substantivierte Adjektive** und **Partizipien** (↗ S. 72) sowie **Infinitive** (↗ S. 93), **AcI** (↗ S. 94) und **NcI** (↗ S. 100) können die Satzfunktion des Subjekts innehaben. Im Satzgefüge (↗ S. 120) können **Subjektsätze** (↗ S. 121) an die Stelle des Subjekts treten.

Kongruenz

Kongruenz ist die **Übereinstimmung** von Satzteilen im Hinblick auf Kasus, Numerus und Genus. Einfachster Fall ist die Kongruenz von Subjekt und Prädikat im Numerus. Eine andere wichtige Kongruenz besteht zwischen dem adjektivischen Attribut und seinem Bezugswort in **Kasus, Numerus und Genus (= KNG-Kongruenz)**.

Auch das **Prädikatsnomen**, sofern es ein Adjektiv ist, ist KNG-kongruent mit dem Subjekt. Bei Verben mit „doppeltem Akkusativ" (↗ S. 88) ist es auch mit dem Akkusativobjekt KNG-kongruent.

Beispiele:

Magister sēvērus est.	Der Lehrer ist streng.
Puerī magistrum sēvērum putant.	Die Jungen halten den Lehrer für streng.

Beachte: Kongruenz heißt keinesfalls, dass die Ausgänge der betreffenden Wörter immer gleich lauten.

Beispiele:

Marcus cum mult**īs** amic**īs** nōs vīsitat.	Marcus besucht uns mit vielen Freunden.
Cum mult**īs** ali**īs** hospit**ibus** cēnant.	Sie speisen mit vielen anderen Gästen.

Attribut

Adjektive und Partizipien sind nicht nur **Prädikatsnomina** (↗ S. 80), sondern oft auch **Attribute**.

Beispiel:

Avus fābulam **iucundam** narrat.	Der Großvater erzählt eine amüsante Geschichte.

Das Wort **iucundam** ist adjektivisches Attribut zu seinem Bezugswort **fābulam** (als Akkusativobjekt). Frage: **Was für ein**(e Geschichte)?

Beachte: Adjektivische Attribute sind mit ihrem Bezugswort KNG-kongruent (↗ S. 80).

Substantive können die Satzfunktion des **Genitivattributs** (↗ Kasuslehre Genitiv, S. 83) innehaben.

Beachte: Attributive Funktion haben auch andere Kasus (Ablativ ↗ S. 92), das Supinum auf -ū (↗ S. 111) sowie Relativsätze (↗ S. 133).

Eine besondere Form des Attributs ist die **Apposition**. Es handelt sich meist um ein **substantivisches** Attribut, das einem **Bezugswort** im **gleichen Kasus** beigefügt ist. Du erkennst es daran, dass es – sofern erweitert – durch Kommata abgetrennt ist.

Beispiele:

Rōma **urbs**	die Stadt Rom
Rōma, **urbs clārissima**, caput imperiī Rōmānī erat.	Rom, die hochberühmte Stadt, war die Hauptstadt des römischen Reiches.

Adverbiale Bestimmung

Generell haben **Adverbien** (↗ S. 19) die Satzfunktion der adverbialen Bestimmung.

Beispiel:

Amīcī diū Rōmae mānsērunt.	Die Freunde blieben lange in Rom.

Auch **Substantive** (im Ablativ, Akkusativ, Dativ und Genitiv sowie nach Präpositionen) können adverbiale Bestimmungen sein. Einzelheiten findest du im Abschnitt Kasuslehre (↗ S. 83).

Satzwertige Konstruktionen können ebenso wie **Nebensätze** die Funktion einer Adverbialen Bestimmung haben. Dazu zählen vor allem das **Gerundium** (z. B. im Ablativ, ↗ S. 73) und der **Ablativus absolutus** (↗ S. 104).

Prädikativum

Das Prädikativum ist eine Mischung von adjektivischem Attribut und adverbialer Bestimmung. Wie eine adverbiale Bestimmung erläutert es das Prädikat näher. Es ist andererseits wie ein adjektivisches Attribut grammatisch **kongruent** (↗ S. 80) mit seinem Bezugswort. Substantive, Adjektive und Partizipien können von ihrer Funktion im Satz her **prädikativ** gebraucht werden.

Beispiele:

Domiti**a** laet**a** cantat.	Domitia singt fröhlich.
Cicerō cōnsul ōrātiōnēs in Catilīnam habuit.	Cicero hat als Konsul Reden gegen Catilina gehalten.

Beachte: Die **Kontrollfrage** für diese Satzfunktion lautet „In welchem Zustand? Als was?“. Sie reicht in den meisten Fällen aus, um eine prädikative Stellung festzustellen.

Kasusfunktionen

Kasusfunktionen zu kennen ist wichtig, weil du aus ihnen Rückschlüsse auf die Funktion und die Bedeutung des betreffenden Wortes im Satz ableiten kannst.

Nominativ

Der Nominativ ist der Kasus des Subjekts (Frage: Wer? Was?) (↗ S. 80) und des Prädikatsnomens (Frage: Wie beschaffen ist das Subjekt? ↗ S. 79).

Genitiv

Der Genitiv wird im Lateinischen häufiger gebraucht als im Deutschen. Vereinfacht gesagt, bezeichnet er einen Bereich, aus dem eine Sache stammt oder auf den sie sich bezieht.

Der **Genitivus partitivus** in der Funktion eines Attributs steht neben Wörtern, die einen Teil oder eine Menge bezeichnen.

Beispiele:

Multitūdō hominum aderat.	Eine Menge Menschen war anwesend (und damit zugleich ein Teil aller Menschen, die es gibt).
Mercātor satis pecūniae habet.	Der Kaufmann hat genügend Geld.

Beachte: Der Genitivus partitivus von **nōs** und **vōs** heißt **nostrum** bzw. **vestrum** (↗ S. 22).

Beispiel:

nēmo nostrum/vestrum	niemand von uns/euch

Der **Genitivus possessivus** bezeichnet als Attribut den **Besitzer** einer Sache. Zusammen mit einer Form von **esse** bildet er als Prädikatsnomen das Prädikat (vgl. den Dativus possessivus, ↗ S. 87).
Beispiele und weitere Hinweise zum Genitivus possessivus siehe folgende Seite.

Beispiele:

Rōmānī cōpiās Helvētiōrum consequuntur.	Die Römer verfolgen die Truppen der Helvetier.
Vīlla senātōris est.	Das Landhaus gehört dem Senator.

In übertragener Bedeutung lässt sich mit dem **Genitivus possessivus** auch eine **Pflicht** oder **Eigenschaft** umschreiben.

Beispiel:

Sapientis est mortem nōn timēre.	Es ist die Pflicht (oder: das Merkmal) eines Weisen, den Tod nicht zu fürchten.

Der **Genitivus subiectivus** bezeichnet denjenigen, der eine Tätigkeit ausführt oder eine Empfindung **hat**, der **Genitivus obiectivus** dagegen denjenigen oder dasjenige, worauf sich eine Tätigkeit oder eine Empfindung **bezieht**. Im Satz haben beide Genitive die Funktion eines Attributs. Also:

Genitivus subiectivus	Genitivus obiectivus
amor patris – die Liebe des Vaters (der Vater liebt selbst, ist also Subjekt)	amor patris – die Liebe zum Vater (jemand liebt den Vater, dieser ist also Objekt)
victōria hostium – der Sieg der Feinde	victōria hostium – der Sieg über die Feinde

Lerntipp: Wie die Beispiele zeigen, kannst du oft nur vom **Kontext** her entscheiden, ob der Genitiv als subiectivus oder obiectivus aufzufassen ist. Du musst dir also die Frage stellen, ob die im Bezugswort enthaltene Handlung von der Person oder Sache, die im Genitiv steht, als Subjekt ausgeführt wird oder ob die Person oder Sache das Objekt dieser Handlung ist.

Lerntipp: Teilweise abweichend vom Deutschen erfordern einige lateinische **Adjektive** den **Genitivus obiectivus** zur Angabe des Bereichs, auf den sich die jeweiligen Eigenschaften beziehen. Die wichtigsten solltest du auswendig lernen: cupidus, avārus – begierig, perītus – erfahren, memor – „eingedenk“, in Gedanken an, plēnus – voll und ihre Gegenteile.

Beispiele:

Mīlitēs bellī perītī (inperītī) erant.	Die Soldaten waren im Krieg erfahren (unerfahren).
Hostēs plēnī timōris effūgērunt.	Die Feinde flohen voll Angst.

Der **Genitivus qualitatis** gibt eine genauere Beschreibung oder Qualitätsangabe (vgl. den Ablativus qualitatis, ↗ S. 92). Allein steht er als Attribut, zusammen mit einer Form von **esse** bildet er als Prädikatsnomen das Prädikat.

Beispiele:

Statuam magnae pulchritūdinis vīdimus.	Wir sahen eine Statue von großer Schönheit/eine sehr schöne Statue.
Puer magnī ingeniī erat.	Der Junge war von großer Begabung/war hoch begabt.

Dativ

Der Dativ bezeichnet im Lateinischen die Person oder Sache, der sich das handelnde Subjekt – meist in übertragenem Sinne – zuwendet (Frage: Wem?). (Zum Dativus auctoris ↗ S. 110.)

Eine Reihe von **intransitiven Verben** kann durch ein **Dativobjekt** ergänzt werden, z. B. **placēre** – gefallen, **prōdesse** – nützen, **respondēre** – antworten, **pārēre** – gehorchen.

Beispiele:

Ancilla dominae servit.	Die Magd dient der Herrin.
Dōna mihī placent.	Die Geschenke gefallen mir.

Bei **transitiven Verben** kann das Akkusativobjekt durch ein Dativobjekt ergänzt werden.

Beispiel:

Tibī librum dō.	Ich gebe dir das Buch.

Lerntipp: Einige Verben, die im Deutschen transitiv sind, erfordern im Lateinischen ein **Dativobjekt**, z. B. **invidēre** – beneiden, **parcere** – schonen, **persuādēre** – überreden, überzeugen. Diese Besonderheit musst du gleich mit den Vokabeln mitlernen!

Beispiele:

Cōnsul plēbī persuāsit.	Der Konsul überredete das Volk.
Mercātor nec pecūniae nec fāmae pepercit.	Der Kaufmann schonte weder sein Geld noch sein Ansehen.

Der **Dativus commodi** bzw. **incommodi** bezeichnet als Objekt eine Person oder Sache, zu deren **Vorteil** oder **Nachteil** etwas geschieht (Frage: Für wen?).

Beispiele:

Cōnsulēs reī publicae timent.	Die Konsuln fürchten für den Staat/sorgen sich um den Staat.
Hic lābor mihī molestus est.	Diese Arbeit ist mir/für mich unangenehm.

Der **Dativus finalis** bezeichnet als adverbiale Bestimmung den **Zweck** oder die **Wirkung** einer Handlung (Frage: Wozu?). Als Prädikatsnomen bildet er mit einer Form von **esse** das Prädikat. Die Verbindung von **Dativus commodi** und **Dativus finalis** wird als **doppelter Dativ** bezeichnet.

Beispiele:

Imperator mīlitēs auxiliō mīsit.	Der Feldherr schickte Soldaten zu Hilfe.
Praesidiō tibī sumus.	Wir sind zu deinem Schutz da.

Der **Dativus possessivus** bezeichnet den **Besitzer** (vgl. den Genitivus possessivus, ↗ S. 83). Zusammen mit einer Form von **esse** bildet er als Prädikatsnomen das Prädikat.

Beispiele:

Vīlla senātōrī est.	Der Senator besitzt ein Landhaus (wörtlich: Dem Senator ist ein Landhaus).
Miserīs nūlla spēs erat.	Die Unglücklichen hatten keine Hoffnung (wörtlich: Den Unglücklichen war keine Hoffnung).

Akkusativ

Wie im Deutschen bezeichnet der Akkusativ im Lateinischen das Objekt einer Handlung (Frage: Wen? Was?). Er gibt darüber hinaus die Richtung und die Ausdehnung einer Handlung in Raum und Zeit an.

Zum **AcI** (Accusativus cum Infinitivo) ↗ S. 94.

Der Akkusativ bildet bei **transitiven Verben** das **Objekt**.

Beispiele:

Puer amīcam advocat.	Der Junge ruft die Freundin herbei.
Natūra iter ostendit.	Die Natur zeigt den Weg.
Rōmulus urbem Rōmam condidit.	Romulus gründete die Stadt Rom.

Beachte: Einige lateinische Verben sind abweichend vom Deutschen transitiv und verlangen deshalb ebenfalls einen Akkusativ, z. B. **fugere** – fliehen (vor), meiden und **sequī** – folgen und viele ihrer Komposita (↗ S. 31).

Beispiele:

Vir prūdēns perīculum fugit.	Ein kluger Mann meidet die Gefahr.
Vēnātōrēs vestīgia ferārum sequuntur.	Die Jäger folgen den Spuren der wilden Tiere.

Einige Verben erfordern einen zweiten Akkusativ (**doppelter Akkusativ**), entweder als Prädikatsnomen wie z.B. bei **creāre** – jemanden zu etwas wählen, **putāre**, **habēre** – jemanden für etwas halten oder als zweites Objekt wie z.B. bei **docēre** – jemanden etwas lehren.

Beispiele:

Philosophus adulescentēs litterās docet.	Der Philosoph lehrt die jungen Männer die Wissenschaften.
Populus Rōmānus Cicerōnem cōnsulem creāvit.	Das römische Volk wählte Cicero zum Konsul.

Beachte: Im Passiv ergibt sich aus dem doppelten Akkusativobjekt ein doppelter Nominativ.

Beispiel:

Cicerō ā populō Rōmānō cōnsul creātus est.	Cicero ist vom römischen Volk zum Konsul gewählt worden.

Als Kasus der **Richtung** (Frage: Wohin? Im Deutschen oft auch: Wo?) bezeichnet der Akkusativ als adverbiale Bestimmung das Ziel oder die Richtung einer Bewegung (meist mit der Präposition **in**).

Beispiele:

Lēgātiō in Italiam proficīscitur.	Die Gesandtschaft bricht nach Italien auf.
Cīvēs in forum convēnērunt.	Die Bürger kamen auf dem Forum zusammen.

Beachte: Bei Städten, kleineren Inseln und den Wendungen domum (nach Hause), rūs (aufs Land) und forās (nach draußen) steht keine Präposition.

Beispiel:

Exercitus Rōmam redit.	Das Heer kehrt nach Rom zurück.

Der Akkusativ bezeichnet auch eine **zeitliche und räumliche Ausdehnung** (Frage: Wie lange? Wie hoch, tief, breit?). Er ist dann adverbiale Bestimmung.

Beispiele:

Mūrus sex pedēs altus est.	Die Mauer ist sechs Fuß hoch.
Graecī Trōiam decem annōs obsēdērunt.	Die Griechen belagerten Troja zehn Jahre lang.

Ablativ

Der Ablativ hat im Lateinischen viele Funktionen, weil in ihm mehrere ursprünglich selbstständige Fälle zusammengefasst sind. Da der Ablativ im Deutschen fehlt, wird er oft mit Hilfe von Präpositionen übersetzt. Vereinfacht gesagt, gibt der Ablativ die **näheren Umstände** eines Geschehens an.

Zum Ablativus absolutus ↗ S. 104.

Der **Ablativus instrumenti** bezeichnet als adverbiale Bestimmung ein **Mittel**, mit dessen Hilfe etwas geschieht (Frage: Womit? Wodurch?).

Beispiele:

Mīlitēs Rōmānī hastīs sagittīsque pūgnābant.	Die römischen Soldaten kämpften mit Lanzen und Pfeilen.
Cōnsul senātōrēs ōrātiōne commōvit.	Der Konsul beeindruckte die Senatoren durch seine Rede.

Beachte: Einige wichtige Deponenzien (↗ S. 68) erfordern im Lateinischen den Ablativus instrumenti als Ergänzung: **ūtī** – benutzen, **fruī** – genießen, **fungī** – ausüben und **potīrī** – sich bemächtigen. Diese notwendigen Ergänzungen haben die Funktion des Ablativobjekts.

Beispiel:

Vītā fruitur.	Er genießt das Leben.

Der **Ablativus modi** gibt als adverbiale Bestimmung die **Umstände** einer Handlung an (Frage: Wie? Auf welche Art?).

Beispiele:

Latrō iūre damnātur.	Der Räuber wird zu Recht verurteilt.
Arar flūmen incrēdibilī lēnitāte fluit.	Der Fluss Arar fließt mit unglaublicher Langsamkeit.

Der **Ablativus limitationis** (auch: respectūs) bezeichnet als adverbiale Bestimmung den Bereich, auf den sich eine Aussage bezieht (Frage: In welcher Hinsicht? Worin?).

Beispiel:

Hēlvētiī reliquōs Gallōs virtūte praecēdunt.	Die Helvetier übertreffen die übrigen Gallier an Tapferkeit.

Der **Ablativus causae** bezeichnet als adverbiale Bestimmung die Ursache eines Geschehens (Frage: Weshalb? Wodurch?).

Beispiele:

Mīlitēs vulneribus dēfessī sunt.	Die Soldaten sind durch Verwundungen geschwächt.
Abundantiā omnium rērum dissēnsiō orta est.	Auf Grund des Überflusses an allen Dingen entstand Streit.

Der **Ablativus separativus** (auch: separationis) bezeichnet eine **Trennung** oder **Loslösung** (auch in übertragener Bedeutung; Frage: Wovon?). In Verbindung mit Verben bildet er eine adverbiale Bestimmung, in Verbindung mit Adjektiven ein Attribut. Oft tritt die Präposition **ā/ab** hinzu.

Beispiele:

Incolae sēdibus pellēbantur.	Die Einwohner wurden von ihren Wohnsitzen vertrieben.
Captīvī ā cūrīs līberantur.	Die Gefangenen werden von den Sorgen befreit.

Der Ablativus separativus gibt auch den **Ausgangspunkt einer Bewegung** und die **Herkunft** an (Frage: Woher?).

Beispiele:

Rōmā proficīscuntur.	Sie brechen aus Rom auf.
Dux equitātūs nōbilī genere nātus est.	Der Führer der Reiterei ist von vornehmer Herkunft.

Bei einem **Vergleich** steht statt einer Konstruktion mit **quam** plus Nominativ oder Akkusativ oft der **Ablativus comparationis** (Frage: Im Vergleich wozu?).

Beispiel:

Terra lūnā maior est (mit **quam**: terra maior quam lūna est).	Die Erde ist größer als der Mond.

Bei **Ortsangaben** steht als adverbiale Bestimmung der **Ablativus loci** (Frage: Wo?).

Beispiele:

Mercātor Carthāgine habitat.	Der Kaufmann wohnt in Karthago.
Caesar locō idōneō castra collocāvit.	Caesar schlug an einem geeigneten Ort das Lager auf.

Der Lokativ war ursprünglich ein eigenständiger Kasus. Im Singular der **a-** und **o-Deklination** haben sich die alten Endungen **-ae** und **-ī** erhalten, ebenso bei domus (das Haus).

Beispiele:

Rōmae, Corinthī – in Rom, in Korinth
domī – zu Hause

Beachte: Bei Vorgängen des Setzens, Stellens, Legens u. Ä. kommt es im Lateinischen auf den **Endpunkt** der Bewegung an, sodass auch hier der Ablativus loci auf die Frage: Wo? antwortet (anders im Deutschen: Wohin?).

Beispiel:

Pānem in murō pōnunt.	Sie legen das Brot auf die Mauer.

Bei **Zeitangaben** steht als adverbiale Bestimmung der **Ablativus temporis** (Frage: Wann?).

Beispiel:

Diē quīntō Rōmam pervēnit.	Am fünften Tag traf er in Rom ein.

Der **Ablativus qualitatis** gibt eine genauere Beschreibung oder macht eine Qualitätsangabe (vgl. den Genitivus qualitatis, ↗ S. 85).
Allein steht er als Attribut; als Prädikatsnomen bildet er mit einer Form von **esse** das Prädikat.

Beispiele:

Magister puellam magnō ingeniō laudat.	Der Lehrer lobt das Mädchen von hoher Begabung/das hoch begabte Mädchen.
Puella magnō ingeniō est.	Das Mädchen ist hoch begabt.

Kasus bei Präpositionen

Die meisten lateinischen Präpositionen haben einen **Akkusativ** bei sich, einige den **Ablativ**. Deshalb ist es am einfachsten, wenn du dir merkst, welche Präpositionen den **Ablativ** erfordern:

ā/ab, ē/ex, dē,	von, aus, von ... herab
cum und **sine,**	mit, ohne,
prō und **prae**	für, vor

Beispiele:

Quintus **cum** amīcīs thermās petit.	Quintus sucht mit den Freunden die Thermen auf.
Reus sine culpā est.	Der Angeklagte ist ohne Schuld.

Die meisten Präpositionen erfordern den **Akkusativ**. Die wichtigsten musst du dir ebenfalls gut einprägen, denn sie kommen sehr häufig vor: **ad** (zu, bei, an), **ante** (vor), **apud** (bei), **contra** (gegen), **inter** (zwischen), **per** (durch), **post** (nach, hinter), **trāns** (jenseits von, über ... hinüber).

Beispiele:

Urbs ad montem sita est.	Die Stadt liegt am Berg.
Lēgiōnēs iter per prōvinciam fēcērunt.	Die Legionen zogen durch die Provinz.

Die Präpositionen **in** (in), **sub** (unter) und **super** (über) können mit einem Substantiv im **Akkusativ oder Ablativ** stehen. Mit dem Akkusativ antworten sie auf die Frage „Wohin?", mit dem Ablativ auf die Frage „Wo?"

Beispiele:

Nuntius **in** prōvinci**am** prōfectus est.	Der Bote ist in die Provinz aufgebrochen.
Dominus hospitēs **in** ātri**ō** exspectat.	Der Hausherr erwartet die Gäste in der Eingangshalle.

Beachte: Den Genitiv erfordern **causā** und **gratiā** (wegen). Weil sie **nach**gestellt werden, bezeichnet man sie als **Post**positionen.

Beispiel:

Rōmānī lūdōs gladiātōriōs voluptātis causā adībant.	Die Römer besuchten die Gladiatorenspiele des Vergnügens wegen.

Nominalkonstruktionen

Nominalformen (Partizipien, Gerundium, Gerundivum und Supina) lassen sich deklinieren und können Erweiterungen und Ergänzungen bei sich haben. Sie sind zwar keine eigenständigen Prädikate, werden aber häufig **satzwertig** gebraucht, d.h., sie enthalten die Informationen eines eigenständigen Satzes, die man bei der Übersetzung ins Deutsche als Nebensatz wiedergeben kann.

Der Infinitiv als Subjekt und Objekt

Subjektsinfinitiv: Als Subjekt findet sich der Infinitiv meist

- bei **unpersönlichen Ausdrücken** wie z. B. iuvat – es erfreut, licet – es ist erlaubt, placet – es gefällt, man beschließt, oportet – es gehört sich;

- bei Substantiven und Adjektiven (im Neutrum) mit dem Hilfsverb **esse**.

Beispiele:

Iuvat natāre.	Es macht Spaß zu schwimmen./ Schwimmen macht Spaß.
Interdum difficile est vērum dīcere.	Manchmal ist es schwer, die Wahrheit zu sagen.

Objektsinfinitiv: Bei einer Reihe von Verben (besonders des Könnens, Sollens oder Wollens) steht der Infinitiv als Objekt, z.B. velle, nōlle, mālle (↗ S. 61), posse (↗ S. 58), statuere bzw. dēcernere – beschließen, incipere – anfangen, solēre – gewohnt sein, zu tun pflegen.

Beispiele:

Vim tolerāre nōn possum.	Ich kann Gewalt nicht ertragen.
Lēgātī domum redīre statuērunt.	Die Gesandten beschlossen, nach Hause zurückzukehren.

Beachte: Ein Prädikatsnomen, das beim Objektsinfinitiv steht, erscheint im **Nominativ**.

Beispiel:

Omnēs hominēs beatī esse volunt.	Alle Menschen wollen glücklich sein.

Der AcI (Accusativus cum Infinitivo)

Lerntipp: Der AcI ist eine im Lateinischen sehr häufige Konstruktion, die du dir deshalb besonders gut einprägen musst.

Wie der Name schon sagt, besteht ein AcI immer mindestens aus einem **Akkusativ** (dies kann ein Substantiv oder ein Pronomen sein) und einem **Infinitiv**. Er ist Subjekt oder Akkusativobjekt des Satzes.

Beispiel:

Videō	**amīcum**	**venīre**.
Prädikat + Subjekt	Akkusativ	Infinitiv
Ich sehe	**den Freund**	**kommen**.

Der AcI ist eine **satzwertige Konstruktion**, da man seinen Inhalt im Deutschen auch als eigenständigen Satz mit Subjekt und Prädikat formulieren kann. Zwei Aussagen (ich sehe + der Freund kommt) sind miteinander verbunden, wobei die letztere (der Freund kommt) als Satzteil (Objekt) der Hauptaussage (ich sehe) untergeordnet ist.

Man bezeichnet den Akkusativ des AcI auch als **Subjektsakkusativ**, weil er das Subjekt dieses untergeordneten Satzes ist und im Deutschen bei einer Umwandlung in einen Objektsatz (einen Gliedsatz/Nebensatz) mit „dass" zum Subjekt wird.

Beachte: Im **Lateinischen** ist der AcI ein **Satzglied** und wird daher **nicht** durch ein Komma abgetrennt. Die **Satzwertigkeit** des AcI erlaubt es aber, ihn im **Deutschen** in einen **Nebensatz** mit der Konjunktion **dass** umzuwandeln. Ergänzungen, die in der Regel zwischen dem Subjektsakkusativ und dem Infinitiv stehen, gehören zum Infinitiv und daher bei der Umwandlung in einen Objektsatz zu dessen Prädikat.

Beispiele:

Videō **amīcum venīre**. — Ich sehe, **dass der Freund kommt**.

dass	der Freund	kommt
Konj.	Subjekt	Prädikat

Scīmus **Rōmam** saepe incendiīs **vāstātam esse**. — Wir wissen, dass **Rom** oft von Bränden **verwüstet wurde**.

Zeitverhältnisse beim AcI

Die im AcI ausgedrückte Handlung kann in drei verschiedenen zeitlichen Verhältnissen zur Handlung des übergeordneten Verbs stehen:

- **Vorzeitigkeit:** Die AcI-Handlung liegt zeitlich früher, also **vor** der Handlung des übergeordneten Verbs, und ist bereits abgeschlossen.
  → **im AcI: Infinitiv Perfekt**
- **Gleichzeitigkeit:** AcI-Handlung und die Handlung des übergeordneten Verbs finden **gleichzeitig** statt.
  → **im AcI: Infinitiv Präsens**
- **Nachzeitigkeit:** Die AcI-Handlung setzt erst **nach** der Handlung des übergeordneten Verbs ein.
  → **im AcI: Infinitiv Futur**

Zeitverhältnisse bei einem Prädikat in der Gegenwart

Übergeordnetes Verb: **Sciō** (ich weiß, ...)		
Vorzeitigkeit: **Infinitiv Perfekt**	Gleichzeitigkeit: **Infinitiv Präsens**	Nachzeitigkeit: **Infinitiv Futur**
amīcum **vēnisse**.	amīcum **venīre**.	amīcum **ventūrum esse**.
dass der Freund **gekommen ist**.	dass der Freund **kommt**.	dass der Freund **kommen wird**.

Beachte: Um das Zeitverhältnis zu bestimmen, brauchst du nur auf den Infinitiv des AcI zu achten. Die Zeitstufe des übergeordneten Verbs ist für das Zeitverhältnis unwichtig.

Beispiel:

Scīī amīcum venīre.	Ich habe gewusst, dass der Freund **kommt**.

Auch hier drückt der Infinitiv Präsens im AcI die Gleichzeitigkeit aus, trotz des Perfekts des übergeordneten Verbs.

Zeitverhältnisse bei einem Prädikat in der Vergangenheit

Übergeordnetes Verb: **Scivī** (ich wusste, ...)		
Vorzeitigkeit: **Infinitiv Perfekt**	Gleichzeitigkeit: **Infinitiv Präsens**	Nachzeitigkeit: **Infinitiv Futur**
amīcum **vēnisse**.	amīcum **venīre**.	amīcum **ventūrum esse**.
dass der Freund **gekommen war**.	dass der Freund **kommt**.	dass der Freund **kommen werde/ wird**.

Besteht der Infinitiv des AcI aus dem Hilfsverb **esse** und einem **adjektivischen Prädikatsnomen**, so steht dieses in KNG-Kongruenz (↗ S. 80) zum Akkusativ des AcI.

Beispiel:

Parentēs gaudent puellās laudātās esse.	Die Eltern freuen sich, dass die Mädchen gelobt worden sind.

Verben, die häufig mit dem AcI verbunden werden

Nach bestimmten **Gruppen von Verben** tritt der AcI besonders häufig auf. Bei diesen Verben solltest du nach einem AcI Ausschau halten! Solche Verbgruppen sind:

- **Verben des Sagens**,
  z. B. dīcere – sagen, nuntiāre – melden, respondēre – antworten, negāre – bestreiten; sagen, dass nicht
- **Verben der sinnlichen und geistigen Wahrnehmung und des Glaubens und Meinens**,
  z. B. vidēre – sehen, audīre – hören, intellegere – erkennen, einsehen, putāre, crēdere – glauben, meinen
- **Verben der Empfindung**,
  z. B. dolēre – bedauern, trauern, mīrārī – sich wundern, gaudēre – sich freuen

- **Verben des Wollens,**
  z. B. velle – wollen, nōlle – nicht wollen, mālle – lieber wollen, cupere – wünschen, wollen
- **unpersönliche Ausdrücke,**
  z. B. cōnstat – es steht fest, appāret – es ist offensichtlich

Reflexive Pronomina im AcI

Reflexive Pronomina der dritten Person (sē und Formen von suus,a,um) im AcI beziehen sich in der Regel auf das Subjekt des übergeordneten Prädikats.

Beispiel:

Marcus sē fīliam **suam** vīsitāvisse dīcit.	Markus sagt, dass er (selbst) seine (eigene) Tochter besucht hat.

Beachte: Reflexive Pronomina im AcI können sich aber auch auf den Subjektsakkusativ des AcI beziehen. Welcher Bezug wirklich gemeint ist, lässt sich nur aus dem Zusammenhang entscheiden.

Beispiel:

Marcus Publium fīliam suam vīsitāvisse dīcit.	Markus sagt, dass Publius seine (doppeldeutig: des Markus oder des Publius) Tochter besucht hat.

Zur Übersetzung des AcI

Wenn du die Übersetzung eines AcI sicher beherrschen möchtest, solltest du das folgende „Übersetzungsrezept" auswendig lernen. Schau dir auch das folgende Beispiel genau an!

1. Ein Verb aus den oben genannten Gruppen (↗ S. 97, 98) oder ein Infinitiv sollte dich immer nach einem AcI Ausschau halten lassen. Bestimme zuerst das **übergeordnete Verb**, den **Akkusativ** und den **Infinitiv** des AcI.
2. Übersetze dann den Teil des Satzes, zu dem das übergeordnete Verb gehört.
3. Füge „ … , **dass**" hinzu.

4. Übersetze den **Akkusativ** des AcI **als Subjekt des dass-Satzes** (im Deutschen also als Nominativ).
5. Übersetze den **Infinitiv** des AcI **als Prädikat** des dass-Satzes (im Deutschen also als finite [konjugierte] Verbform).
6. Übersetze eventuelle **Ergänzungen** und **Erweiterungen** des AcI.
7. Korrigiere, wenn nötig, die **Wortstellung** im Deutschen.

Beispiel:

Audīvī te crās Rōmam ventūrum esse.

Schritt	Umsetzung	Kommentar
1. Sichtung + Bestimmung	übergeordnetes Verb: **audīvī** Akkusativ: **tē** Infinitiv: **ventūrum esse**	**Rōmam** scheidet als AcI-Akkusativ aus, da keine KNG-Kongruenz zu **ventūrum** besteht.
2. übergeordnetes Prädikat + Subjekt	„Ich habe gehört“	
3. + „dass“	„dass“	
4. Akkusativ als Subjekt	„du“	
5. Infinitiv als Prädikat	„kommen wirst“	Zeitverhältnis: Nachzeitigkeit (Infinitiv Futur)
6. Erweiterungen	**crās** - „morgen“ **Rōmam** - „nach Rom“	**Rōmam** ist ein Akkusativ der Richtung (↗ S. 88).
7. Wortstellung im Deutschen?	„Ich habe gehört, dass du morgen nach Rom kommen wirst.“	

Mit der Übersetzung durch einen Nebensatz mit „dass" gehst du „auf Nummer sicher". Manchmal jedoch passt eine andere deutsche Konstruktion noch besser. Prüfe daher nach der Übersetzung mit „dass" noch folgende Möglichkeiten:

- **Verkürzter Nebensatz:**
  „Ich habe gehört, du wirst morgen nach Rom kommen."
- Mit einem **Hauptsatz:**
  Das übergeordnete Prädikat wird dabei mit seinem Subjekt in einen Einschub umgewandelt:
  „Du wirst, wie ich gehört habe, morgen nach Rom kommen."
- **(Erweiterter) Infinitiv:**
  Ist der Subjektsakkusativ mit dem Subjekt des übergeordneten Verbs identisch (z. B. bei **sē**), so kann bei bestimmten Verben auch ein **Infinitiv** folgen:

Beispiel:

Marcus negat sē fīliam suam vīsitāvisse.	Markus bestreitet, seine Tochter **besucht zu haben**.

Der NcI (Nominativus cum Infinitivo)

Der NcI besteht aus einem Nominativ und einem Infinitiv. Hinzu kommt ein Prädikat, das stets im Passiv steht.

Beispiel:

Amīcus	venīre	dīcitur.
Nominativ +	Infinitiv	Prädikat

Eine wörtliche Übersetzung („Der Freund wird zu kommen gesagt") ist hier nicht möglich. Da der NcI aber wie der AcI eine **satzwertige Konstruktion** ist, lässt er sich ebenfalls in einen **Nebensatz** mit „dass" umformen:
„Es wird gesagt/man sagt, dass der Freund kommt."

Der NcI steht vor allem beim Passiv

- **der Verben des Sagens**,
  z. B. dīcere – sagen, iubēre – befehlen, vetāre – verbieten,
- **der Verben des Glaubens und Meinens**,
  z. B. putāre, crēdere – glauben, meinen,
- sowie bei **vidērī** (in der Bedeutung „scheinen").

Beispiele:

Mīlitēs armātī urbem Rōmam intrāre vetābantur. — Bewaffnete Soldaten durften die Stadt Rom nicht betreten. (Erweiterter Infinitiv: Es war bewaffneten Soldaten verboten, die Stadt Rom zu betreten).

Hoc mihī falsum esse vidētur. — Dies scheint mir falsch zu sein.

Für das **Zeitverhältnis** der NcI-Handlung zum übergeordneten Prädikat gilt das Gleiche wie beim AcI (↗ S. 96).

Das Partizip

Das Partizip kann ein Objekt und/oder eine adverbiale Bestimmung bei sich haben (wie ein Verb) und richtet sich in KNG-Kongruenz (↗ S. 80) nach einem Bezugswort (wie ein Adjektiv). Daher ist es ein **Verbaladjektiv** (↗ S. 72).
Das Partizip kann als Prädikatsnomen, prädikativ, attributiv oder adverbial verwendet werden.

Als **Prädikatsnomen** bildet das Partizip (meist das PPP, ↗ S. 72) in Verbindung mit dem Hilfsverb **esse** das Prädikat.

Beispiel:

Urbs Rōma ā Rōmulō **condita** est. — Die Stadt Rom ist von Romulus **gegründet** worden.

Das nominale Prädikat lautet **condita est**. Es besteht aus dem PPP condita (als Prädikatsnomen) und dem Hilfsverb (Kopula) est.

Als **Attribut** bezeichnet das Partizip eine Eigenschaft oder eine andauernde Tätigkeit einer Person oder Sache. Bei dieser Verwendung – besonders bei erweitertem Partizip – ist die Übersetzung durch einen Relativsatz meist die beste Lösung.

Beispiel:

Hominēs ad flūmen **habitantēs** natāre possunt. — An einem Fluss wohnende Menschen (besser: Menschen, die an einem Fluss wohnen) können schwimmen.

Das Participium coniunctum (Pc)

- In **adverbialer** (bzw. prädikativer) Funktion erscheint das Partizip als **Participium coniunctum (Pc)**. Es gibt die näheren Umstände zur Handlung des Prädikats an.
- Das Pc ist immer mit einem Satzglied oder Satzgliedteil verbunden (coniunctum – verbunden). Es ist mit seinem Bezugswort KNG-kongruent (↗ S. 80).
- Das Pc ist immer **satzwertig** und kann je nach Zusammenhang mit verschiedenen Arten von **Gliedsätzen** (temporal, modal, kausal ↗ S. 127) oder anderen Konstruktionen (↗ S. 103) übersetzt werden.
- Als **Zeitverhältnis**, in dem die Handlung des Pc zu der des übergeordneten Prädikats steht, treten fast nur **Vorzeitigkeit** und **Gleichzeitigkeit** auf. Du erkennst sie an der Zeitstufe des Partizips.
  - **Vorzeitigkeit:** Die im Pc beschriebene Handlung findet früher statt als die Handlung des übergeordneten Prädikats: **Partizip Perfekt Passiv (PPP)**.

Beispiel:

Puerī **ā magistrō laudātī** gaudent.

Pc – KNG-Kongruenz (Puerī ↔ laudātī)

Die Jungen freuen sich, **nachdem** (oder: weil) sie vom Lehrer gelobt worden sind.

  - **Gleichzeitigkeit:** Die im Pc beschriebene Handlung findet gleichzeitig mit der Handlung des übergeordneten Prädikats statt: **Partizip Präsens Aktiv (PPA).**

Beispiel:

Servī **in agrīs labōrantēs** cantant.

Pc – KNG-Kongruenz (Servī ↔ labōrantēs)

Die Sklaven singen, **während** sie auf den Feldern arbeiten.

Beachte: Das Partizip Perfekt der Deponenzien (↗ S. 68) drückt oft die Gleichzeitigkeit aus, weil der Zustand als noch anhaltend gedacht wird, z. B. bei ratus – glaubend, in der Meinung, veritus – fürchtend, cōnfīsus (mit Ablativ) – vertrauend, im Vertrauen auf.

Beispiel:

Caesar lēgiōnibus suīs **cōnfīsus** Rubicōnem traiēcit.	Caesar überschritt den Rubicon, **wobei** er auf seine Legionen vertraute.

Zur Übersetzung des Pc

Das Pc ist eine satzwertige Konstruktion, die du fast immer durch einen **Nebensatz** wiedergeben kannst. Die Sinnrichtung des Nebensatzes (meist **temporal**, **modal** oder **kausal**) ergibt sich aus dem Textzusammenhang.

Beispiele:

Tarquinius Superbus Rōmā expulsus in exilium iit.	Tarquinius Superbus ging ins Exil, **nachdem** er aus Rom vertrieben worden war (temporal).
Docentēs discimus.	Wir lernen, **indem** wir lehren (modal).
Puella librī oblīta domum rediit.	Das Mädchen ging nach Hause zurück, **weil** es das Buch vergessen hatte (kausal).

Lerntipp: Sobald im Text ein Partizip vorkommt, solltest du nach einem KNG-kongruenten **Bezugswort** Ausschau halten. Wörter zwischen Bezugswort und Partizip sind Ergänzungen und Erweiterungen, die zum Partizip gehören (**„geschlossene Wortstellung“**). Im ersten Beispielsatz „Tarquinius Superbus Rōmā expulsus in exilium iit“ gehört Rōmā (als adverbiale Bestimmung der Herkunft zum Partizip expulsus) in die „geschlossene Wortstellung“.

Manchmal lässt sich das Partizip im Deutschen auch mit einer **präpositionalen Wendung**, in einigen Fällen auch als **Apposition** wiedergeben.

Beispiel:

Tarquinius Superbus Rōmā **expulsus** in exilium iit.	**Nach seiner Vertreibung** aus Rom ging Tarquinius Superbus ins Exil. Oder: **Aus Rom vertrieben**, ging Tarquinius Superbus ins Exil.

Der Ablativus absolutus (Abl. abs.)

Lerntipp: Wie das Pc und der AcI gehört der Abl. abs. zu den Konstruktionen, die im Lateinischen **sehr häufig** vorkommen. Präge dir daher seinen Aufbau und die Übersetzungsmöglichkeiten (↗ S. 106) gut ein!

Ähnlich wie das Pc gibt auch der Abl. abs. die näheren Umstände einer Handlung an. Auch hier erscheint ein **Partizip in adverbialer Funktion**. Der Abl. abs. hat kein Bezugswort im übrigen Satz und ist daher grammatisch vom übrigen Satz isoliert (absolūtus – losgelöst). Er ist **satzwertig** und kann deshalb immer mit einem Nebensatz übersetzt werden.

Meist besteht der Abl. abs. aus einem **Nomen** (Substantiv oder Pronomen), welches im deutschen Nebensatz die Funktion des Subjekts übernimmt, und einem **Partizip**, welches die Funktion des Prädikats übernimmt. Beide Bestandteile stehen im **Ablativ** und sind im Numerus und Genus **kongruent**.

Zeitverhältnis: Beim Abl. abs. treten wie beim Pc (zum Pc ↗ S. 102) fast nur Vorzeitigkeit und Gleichzeitigkeit auf. Entscheidend ist die Zeitstufe des Partizips.

- **Vorzeitigkeit: Partizip Perfekt Passiv** (PPP)

Beispiel:

Trōiānīs **victīs** Graecī in patriam revertērunt.	**Nachdem** die Trojaner besiegt worden waren, kehrten die Griechen in ihre Heimat zurück.

- **Gleichzeitigkeit: Partizip Präsens Aktiv** (PPA)

Beispiel:

Rōmulō **regnante** multa bella gerēbantur.	**Während** Romulus regierte (oder: unter der Herrschaft des Romulus) wurden viele Kriege geführt.

An Stelle des Partizips kann auch ein zweites Nomen im Ablativ stehen, das dem ersten prädikativ beigeordnet ist (**nominaler Abl. abs.**). In diesem Fall ist das Zeitverhältnis immer Gleichzeitigkeit.

Beispiele:

Cicerōne cōnsule	als Cicero Konsul war/unter Ciceros Konsulat
Hannibale vīvō	zu Lebzeiten Hannibals

Beachte: Oft wird ein Abl. abs. durch weitere Nominalformen im Ablativ oder durch adverbiale Bestimmungen erweitert. Dadurch können beide Glieder des Abl. abs. getrennt werden („**geschlossene Wortstellung**"). Deshalb ist es wichtig, dass du alle Ablativ-Endungen sofort erkennst, um die Bestandteile eines Abl. abs. zu finden.

Beispiel:

Rēge Numā Pompiliō sapienter **regnante** pāx erat.	Unter der weisen Herrschaft des Königs Numa Pompilius herrschte Frieden.

Zur Übersetzung des Ablativus absolutus

Lerntipp: Um einen Abl. abs. sicher übersetzen zu können, solltest du das folgende „Übersetzungsrezept" auswendig lernen (wie das des AcI, ↗ S. 98). Schau dir auch das folgende Beispiel genau an!

1. **Bestandteile des Ablativus absolutus bestimmen:** Im Prinzip solltest du bei jeder Ablativ-Form nach einem Abl. abs. Ausschau halten, besonders bei einem PPP. Bedenke dabei, dass beide Bestandteile trotz Kongruenz nicht dieselben Ablativ-Endungen haben müssen! Sie stehen oft auch nicht nebeneinander.
2. Übersetze den **übrigen Satz** ohne Abl. abs. und ohne seine Erweiterungen.
3. Bestimme mit Hilfe des Partizips das **Zeitverhältnis** (vorzeitig oder gleichzeitig, bei einem nominalen Abl. abs. immer gleichzeitig) sowie das Genus verbi.
4. Wähle zunächst einen **temporalen Nebensatz** für die Übersetzung und beginne mit „nachdem", „als" (bei einem PPP) oder „während" (bei einem PPA).
5. Übersetze den **ersten Teil** des Abl. abs. **als Subjekt** des Nebensatzes.
6. Übersetze das **Partizip als Prädikat** (beim nominalen Abl. abs. musst du eine Form von „sein" zum prädikativen zweiten Nomen ergänzen).
7. Übersetze eventuell vorhandene **Erweiterungen** des Abl. abs. und füge sie an der passenden Stelle ein.
8. Überprüfe: Ist die Übersetzung als **temporaler** Nebensatz die beste Lösung?

Beispiel:
Caesare in senātū interfectō Cleopatra Rōmam relīquit.

Schritt	Umsetzung	Kommentar
1. Bestandteile des Ablativus absolutus bestimmen	Nomen im Ablativ: **Caesare** Partizip: **interfectō**	Der Ablativ **senātū** scheidet aus, da die Präposition **in** (mit Abl., ↗ S. 93) vorausgeht.
2. Übersetzung des übrigen Satzes	„Kleopatra verließ Rom"	
3. Zeitverhältnis bestimmen	**interfectō** ist ein PPP, daher Vorzeitigkeit	**interficere** – töten (interficiō, interfēcī, interfectum)
4. Konjunktion einfügen	„nachdem"	temporale Konjunktion
5. Das Nomen im Ablativ als Subjekt des Nebensatzes	„Caesar"	
6. Partizip im Ablativ als Prädikat des Nebensatzes	„getötet worden war"	Plusquamperfekt, da das PPP die Vorzeitigkeit im Verhältnis zum übergeordneten Prädikat (im Perfekt) ausdrückt
7. Erweiterungen einfügen	„Nachdem Caesar im Senat getötet worden war, verließ Kleopatra Rom."	
8. Gibt es bessere Übersetzungsmöglichkeiten?	„weil ..."? „indem..."? „obwohl ..."?	kausale, modale, konzessive Sinnrichtung?

Statt der (fast immer möglichen) temporalen Wiedergabe ist manchmal wie beim Pc (↗ S. 104) die Übersetzung durch einen Nebensatz mit anderer Sinnrichtung (siehe Schritt 8) oder durch eine **präpositionale Wendung** („Nach Caesars Ermordung ...") sinnvoll, manchmal auch erforderlich. Das musst du jeweils nach dem Zusammenhang entscheiden!

Beachte: Wenn die Handlung des Abl. abs. auf das Subjekt des übergeordneten Prädikats zurückgeht, kann das **PPP aktivisch übersetzt** werden.

Beispiel:

Rōmulus multitūdine convocātā iūra dedit.	Romulus gab Gesetze, nachdem er die Menge zusammengerufen hatte (besser als: „nachdem die Menge zusammengerufen worden war").

Gerundium und Gerundivum

Beide Nominalformen des Verbs sind am Signal **-nd-** zu erkennen. Sie sind Mischformen aus Verb und Substantiv (Gerundium) bzw. Verb und Adjektiv (Gerundivum).

Lerntipp: Gerundium und Gerundivum können leicht verwechselt werden. Wenn du im Text auf eine -nd-Form stößt, bedenke daher Folgendes zur Unterscheidung: Das Gerundium hat nur die Endungen -nd-ī, -nd-ō, -nd-um (↗ S. 73). Alle anderen Formen müssen also Gerundiva sein.

Das Gerundivum braucht als Verbal**adjektiv** immer ein Bezugswort ①. Unpersönlich konstruiert findet man es immer mit einer Form von **esse** ②.

Beispiele:

① Perīcula vītanda sunt.	Gefahren muss man meiden (müssen gemieden werden).
② Nunc agendum est!	Jetzt muss man handeln (jetzt muss gehandelt werden)!

<table>
<tr><th>Gerundium
(aktivisch)</th><th>Gerundivum
(passivisch)</th></tr>
<tr><td>Verbalsubstantiv, das deklinierte Formen des Infinitiv Präsens bildet</td><td>Verbaladjektiv, das ausdrückt, dass mit einer Sache oder Person etwas geschehen soll oder geschieht</td></tr>
<tr><td colspan="2">Bildung:</td></tr>
<tr><td colspan="2">1. Wortstamm eines Verbs
(ggf. + Bindevokal)</td></tr>
<tr><td colspan="2">2. Zusatz -nd-</td></tr>
<tr><td>3. Singular-Endungen der o-Deklination Neutrum (also wie bei dōnum,ī n., ↗ S. 11)</td><td>3. Endungen der Adjektive der a- und o-Deklination (also wie bei clārus,a,um, ↗ S. 12)</td></tr>
<tr><td colspan="2">Beispiel:</td></tr>
<tr><td>Doce-nd-ō discimus.
Durch das Lehren lernen wir.</td><td>Librōs leg-e-nd-ōs apportō.
Ich bringe zu lesende (besser: lesenswerte) Bücher.</td></tr>
</table>

Zum Gerundium

Beachte: Der Akkusativ des Gerundiums wird nur in der Verbindung mit der Präposition **ad** gebraucht.
Unterscheide also:

Beispiele:

Natāre cupiō.	Ich möchte schwimmen.
Ad natandum parātī sumus.	Wir sind zum Schwimmen bereit.

Der verbale Charakter des Gerundiums zeigt sich daran, dass es durch Objekte und adverbiale Bestimmungen erweitert werden kann.

Beispiel:

Graecī stellārum cursūs dīligenter observandō navīgāre discēbant.	Die Griechen erlernten die Seefahrt durch das sorgfältige Beobachten der Sternenbahnen.

Zum Gerundivum

Das Gerundivum kommt vor allem in **attributiver Funktion** und als **Prädikatsnomen** vor.

Beispiele:

Caesar cōnsilium oppidī capiendī cēpit. (attributiv)	Caesar fasste den Plan, die Stadt einzunehmen.
Perīcula vītanda sunt. (als Prädikatsnomen)	Gefahren muss man meiden/müssen gemieden werden (wörtlich: sind zu meiden).

Unpersönlich konstruiert steht das Gerundivum immer mit einer Form von **esse** und drückt eine Notwendigkeit aus.

Beispiel:

Nunc agendum est!	Jetzt muss gehandelt werden!

Gerundiv-Konstruktionen mit einer Form des Hilfsverbs **esse** können durch einen **Dativus auctoris** erweitert werden.

Beispiel:

Catō cēnsuit Carthāginem **Rōmānīs** dēlendam esse.	Cato war der Ansicht, dass Karthago **von den Römern** zerstört werden müsse.

Beachte: Die Gerundivformen der **Deponenzien** (↗S. 67) werden **passivisch** übersetzt.

Beispiel:

Cīcerō ōrātiōnem **admīrandam** habuit.	Cicero hielt eine bewundernswerte Rede (eine Rede, die bewundert wird/werden muss).

Beachte: Die **verneinte Form des Gerundivums** wird mit **„nicht dürfen"** übersetzt (wie im Englischen „he must not" – er darf nicht).

Beispiel:

Hae avēs capiendae nōn sunt.	Diese Vögel dürfen nicht gefangen werden.

Das Supinum

Das Supinum (↗ S. 75) ist ein **Verbal**substantiv. Innerhalb eines Satzes wird es adverbial verwendet. Man unterscheidet das **Supinum I** (Endung **-um**) **und II** (Endung **-ū**).

Das **Supinum I** kann als **Verbal**substantiv durch Objekte und adverbiale Bestimmungen erweitert werden. Du übersetzt es am besten mit „um zu ..."

Beispiel:

Lēgātī veniunt auxilium **rogātum**.	Die Gesandten kommen, **um** Hilfe **zu erbitten**.

Das **Supinum II** steht meist nach Adjektiven. Du übersetzt es am besten mit „zu" + Infinitiv.

Beispiel:

Hoc facile **factū** est.	Dies ist leicht **zu tun**.

Hauptsätze

Verschiedene Arten von Hauptsätzen

Als **Hauptsätze** bezeichnet man **unabhängige** Sätze. Drei Arten von Hauptsätzen werden nach der jeweiligen Absicht des Sprechers/der Sprecherin unterschieden.

1. Man kann ein **Aussage** formulieren, die aus der eigenen Sicht eine Tatsache enthält oder auch nur möglich oder nicht wirklich ist (Aussagesatz, ↗ S. 116).
2. Man kann einen **Wunsch** äußern und ihn als erfüllbar oder nicht erfüllbar darstellen (Wunschsatz bzw. Aufforderungssatz, ↗ S. 118).
3. Man kann eine **Frage** formulieren (Fragesatz, ↗ S. 116).

Beispiele:

1. Amīcī dōna apportant.	Die Freunde bringen Geschenke.
2. Num nōs vīdistis?	Habt ihr uns etwa gesehen?
3. Utinam amīca librum lēgerit!	Hoffentlich hat die Freundin das Buch gelesen!

Die Genera verbi

Das **Genus verbi** (Aktiv und Passiv, ↗ S. 30) wird in allen drei Satzarten dazu verwendet, die **Perspektive** zu verändern, d. h. die Sichtweise, unter der das Geschehen betrachtet wird.

Beispiele:

Marcus Tertiam vocat.	Markus ruft Tertia.
Tertia (ā Marcō) vocātur.	Tertia wird (von Markus) gerufen.

Im Passiv-Satz wird das Akkusativobjekt des Aktiv-Satzes zum Subjekt. Das vorherige Subjekt kann, muss aber nicht mehr genannt werden. Wenn der **Urheber** oder **„Täter"** genannt wird, steht er als adverbiale Bestimmung im Ablativ nach der Präposition **ā/ab** (Ablativus auctoris); ist es keine Person, sondern eine Sache, so erscheint diese als Ablativus instrumenti (↗ S. 89).

Beispiel:

Rota aquā movētur. — Das Rad wird vom Wasser bewegt.

Verben, die kein Akkusativobjekt bei sich haben können (intransitive), können allenfalls ein **unpersönliches Passiv** bilden (in der 3. Person, z.B. ītur – „es wird gegangen", man geht).

Lerntipp: Das Passiv wird im Lateinischen viel häufiger gebraucht als im Deutschen. Wenn der Kontext es erlaubt, kannst du es durch das unpersönliche **man** oder einen reflexiven Ausdruck mit **sich** übersetzen. Die Übersetzung mit **sich** wird häufig als **medial** (eine Mischung aus Aktiv und Passiv) bezeichnet.

Beispiele:

Narrātur ... — Man erzählt ...

Tempora mūtantur. — Die Zeiten ändern sich.

Gebrauch der Modi im Hauptsatz

Generell ist im Hauptsatz

- der **Indikativ** der Modus einer Mitteilung, die der Sprecher/die Sprecherin als **tatsächlich** oder **wirklich** darstellt,
- der **Konjunktiv** der Modus des als **möglich** oder **nicht wirklich** Dargestellten (Möglichkeit, Vorstellung, Wunsch),
- der **Imperativ** der Modus des Befehls.

Beispiele:

Spectātōrēs ad lūdōs properant. — Die Zuschauer eilen zu den Spielen. (Tatsache, Indikativ)

Utinam salvī sītis! — Hoffentlich seid ihr gesund! (Wunsch, Konjunktiv)

Properāte domum! — Eilt nach Hause! (Befehl, Imperativ)

Die Tempora des Indikativs

Die Tempora dienen dazu, **Zeitpunkt**, **Zeitstufe** (Vergangenheit, Gegenwart, Zukunft) und **Zeitverhältnis** (Vorzeitigkeit, Gleichzeitigkeit, Nachzeitigkeit) auszudrücken. Einige Tempora sagen darüber hinaus etwas über den Verlauf der Handlung aus (Beginn, Verlauf, Abschluss: **Aktionsarten**) sowie über den **Aspekt** (abgeschlossene Handlung, Dauer, Wiederholung, Versuch, ↗ S. 115).

Die Tempora des Indikativs werden im Lateinischen überwiegend wie im Deutschen verwendet. So bezeichnet das Plusquamperfekt eine im Vergleich zum Perfekt und Imperfekt bereits abgeschlossene (= vorzeitige) Handlung. Der „Zeitstrahl" verdeutlicht dies ebenso wie das Verhältnis von Futur II zu Futur I, das im Lateinischen sehr genau beachtet wird.

Beachte: Oft stehen Schilderungen vergangener Ereignisse im Präsens. Es handelt sich dabei um das so genannte **historische Präsens**, das im Deutschen als Präteritum wiedergegeben werden kann.

Beachte: Das Futur II (dīxerō – ich werde gesagt haben) ist im Deutschen ungebräuchlich geworden. Wir ersetzen es in der Regel durch das Perfekt oder das Präsens.

Die sechs **Tempora** entsprechen den drei **Zeitstufen**:

Vergangenheit

Plusquamperfekt Perfekt/Imperfekt

dīxeram – ich hatte gesagt

dīxī – ich habe gesagt

dīcēbam – ich sagte

Perfekt und Imperfekt als Erzähltempora der Vergangenheit

Im Lateinischen wechseln Perfekt und Imperfekt als Erzähltempora miteinander ab. Der Autor gibt dir durch die Auswahl von Perfekt oder Imperfekt einen Hinweis, wie er die Aussage des Prädikats aufgefasst wissen möchte.

- Dabei erscheinen **abgeschlossene** Handlungen im **Perfekt** (**narratives** Perfekt); sie bilden das Handlungsgerüst der Erzählung. Oft kann der Indikativ Perfekt im Deutschen allerdings auch als Präteritum wiedergegeben werden.
- Das **Imperfekt** dient hingegen dazu, die Dauer (**duratives** Imperfekt), die Wiederholung (**iteratives** Imperfekt) oder den bloßen Versuch (Imperfekt **de conatu**) auszudrücken.

Die grammatische Bezeichnung für diese Ausdrucksvarianten des Imperfekts und Perfekts lautet **„Aspekte“**.

Beispiel:

Marcus diēbus fēstīs in forum **ībat**. Hodiē autem Colosseum **petīvit**, nam amīcum **quaerēbat**. Tum amīcus subitō **advēnit** ...

Markus ging an Feiertagen (gewöhnlich) zum Marktplatz. Heute aber eilte er zum Kolosseum, denn er wollte seinen Freund suchen. Da tauchte der Freund plötzlich auf ...

Gegenwart | Zukunft

Präsens → dīcō – ich sage

Futur II/Futur I → dīxerō – ich werde gesagt haben; dīcam – ich werde sagen

Aussagesätze

- Aussagesätze stehen meist im **Indikativ**. Das Dargestellte oder Mitgeteilte wird als **wirklich** angesehen (**Realis**). Mögliche Tempora sind dabei das Präsens (↗ S. 114) für die Zeitstufe der Gegenwart, Perfekt und Imperfekt sowie Plusquamperfekt für die Vergangenheit (↗ S. 115) sowie Futur I und II für die Zukunft (↗ S. 114).
- Aussagesätze werden durch die Negationspartikel **nōn** verneint. Auch die Konjunktionen **neque** bzw. **nec** (und nicht, auch nicht, aber nicht) sowie **neque ... neque** (weder ... noch), die Pronomina **nēmo** (niemand), **nihil** (nichts) und **nūllus, a,um** (kein) sowie die Adverbien **numquam** (niemals) und **nusquam** (nirgends) verneinen einen Aussagesatz.

Fragesätze

Im Lateinischen werden **Entscheidungs**- und **Wortfragen** unterschieden.

- Bei **Wortfragen** (auch „Ergänzungsfragen“ genannt) erwartet der Sprecher bzw. die Sprecherin eine Antwort auf den erfragten Sachverhalt. Diese Fragen werden durch **Interrogativadverbien**, z. B. **cūr** (warum), **quōmodō** (wie), **quandō** (wann) oder **Interrogativpronomina**, z. B. **quis** (wer) oder **quid** (was) (↗ S. 26) eingeleitet.

Beispiele:

Cūr nōn vēnistī?	Warum bist du nicht gekommen?
Quid agis?	Was tust du?

- **Entscheidungsfragen** (auch „Satzfragen“ genannt) werden von **Fragepartikeln** eingeleitet. Sie lassen von vornherein erkennen, ob eine positive oder negative Antwort erwartet wird oder ob der Sprecher sich über die Art der Antwort nicht im Klaren ist.
Vergleiche die Beispiele auf der folgenden Seite.

Beispiele:

Num vīnum bibistī? (Der Fragende erwartet, dass dies nicht der Fall ist.)	Hast du etwa Wein getrunken?
Nōnne tēctum frāctum vīdistī? (Der Fragende ist sich sicher, dass sein Gesprächspartner dies sehr wohl bemerkt hat.)	Hast du (etwa nicht) das kaputte Dach gesehen?
Vidēs**ne** montem? (In diesem Fall hat der Fragende keine Vorstellung, ob die Antwort positiv oder negativ ausfällt.)	Siehst du den Berg?

Lerntipp: Die Fragepartikel **-ne** wird an das erste Wort des Satzes angehängt, das dann manchmal etwas befremdlich aussehen kann. Lass dich also vor allem bei Prädikaten nicht durch das veränderte Aussehen verblüffen.

Doppelfragen werden durch **utrum ... an, -ne ... -an** (... oder ...) bzw. **utrum ... necne, -ne ... necne** (... oder nicht ...) eingeleitet.

Beispiel:

Utrum lībertus an servus es?	Bist du ein Freigelassener oder ein Sklave?

Fragesätze als Hauptsätze stehen meist im Indikativ und kommen in allen drei Zeitstufen vor. Ein Konjunktiv im Fragesatz drückt einen **Zweifel** aus (**Deliberativ**, von dēlīberāre – überlegen) oder hat einen **potenzialen** Sinn (Möglichkeitskonjunktiv, ↗ S. 132).

Beispiel:

Quid agam?	Was soll ich tun? (Konjunktiv Präsens mit deliberativem Sinn)

Die häufigsten Fragewörter sind:

deklinierbar		nicht deklinierbar	
quis	wer	ubī	wo
quid	was	quō	wohin
quī, quae, quod (adjektivisch)	welcher, welche, welches	unde	woher
		cūr	warum
quālis,e	wie beschaffen	quot	wie viele
quantus,a,um	wie groß	quam	wie

Beachte: Einen Sonderfall bilden Fragen, auf die der Sprecher eine Antwort eigentlich gar nicht erwartet (**„rhetorische Fragen“**). Diese Fragen sind eine versteckte Aufforderung zur Zustimmung, sie werden dennoch im Indikativ formuliert.

Beispiel:

Quis beātus esse nōn vult? — Wer will nicht glücklich sein? (Der Fragende ist sich der Zustimmung seines Gesprächspartners sicher.)

Wunsch- und Aufforderungssätze

Wunsch- und Aufforderungssätze erkennst du am **Imperativ** oder am **Konjunktiv**.

Zum Imperativ

Der Imperativ (meist in der 2. Person Singular oder der 2. Person Plural) drückt einen Befehl oder eine nachdrückliche Aufforderung aus.

Beispiele:

Vīnum apportā, Dāve! — Bringe den Wein, Davus!
Venīte mēcum! — Kommt mit mir!

Zum Konjunktiv

Die Wahl des Konjunktivs hängt von der Art der **Aufforderung** ab. Man unterscheidet den **Iussiv**, den **Prohibitiv** und den **Hortativ**.

- Der Konjunktiv Präsens kann eine **nachdrückliche Aufforderung** ausdrücken, die einem Befehl gleichkommt (**Iussiv**, von iubēre – befehlen). Meist steht er in der 3. Person Singular oder der 3. Person Plural.

Beispiel:

Puer domum veniat!	Der Junge soll (unbedingt) nach Hause kommen!

- Der Prohibitiv (von pohibēre – verbieten) drückt ein Verbot aus. Er steht meist in der 2. Person Singular oder der 2. Person Plural des Konjunktivs Präsens oder des Konjunktivs Perfekt.

Beispiel:

Nē timeātis/timueritis!	Fürchtet euch nicht!

- Als **Hortativ** bzw. **Adhortativ** (von [ad]hortārī – auffordern) drückt der Konjunktiv Präsens in der 1. Person Plural eine **Aufforderung** aus.

Beispiel:

Cantēmus!	Lasst uns singen!

Optativ

Neben diesen Varianten von Aufforderungssätzen unterscheidet man im Lateinischen auch bei Wunschsätzen sehr genau. Wunschsätze (**Optativ**, von optāre – wünschen) kannst du meist an dem einleitenden Wort **utinam** erkennen. Verneint werden sie mit (**utinam**) **nē**.

Die Art des Wunsches hängt davon ab, ob der Sprecher seinen Wunsch für **erfüllbar** oder **nicht erfüllbar** hält und ob der Wunsch sich auf die **Gegenwart** oder die **Vergangenheit** bezieht.

Wunsch	Gegenwart	Vergangenheit
erfüllbar	Konjunktiv Präsens ①	Konjunktiv Perfekt ②
nicht erfüllbar	Konjunktiv Imperfekt ③	Konjunktiv Plusquamperfekt ④

Beispiele:

① (Utinam) mē amet!	Hoffentlich liebt er mich!
② (Utinam) herī vēnerit!	Hoffentlich ist er gestern gekommen!
③ Utinam amīcus venīret!	Käme mein Freund doch (jetzt)!
④ Utinam nē tam superbus fuisset!	Wäre er doch nicht so überheblich gewesen!

Lerntipp: Wunschsätze im Konjunktiv Präsens und Konjunktiv Perfekt kannst du im Deutschen mit „Hoffentlich ..." übersetzen (Optativ, erfüllbarer Wunsch), Wunschsätze im Konjunktiv Imperfekt und Plusquamperfekt mit „Wäre/hätte doch ..." (Optativ, nicht erfüllbarer Wunsch). Achte dabei jeweils auf die Zeitstufe!

Im konditionalen **Satzgefüge** kann der Hauptsatz in Form eines Potentialis oder Irrealis im Konjunktiv erscheinen (↗ S. 132).

Nebensätze (Gliedsätze)

Nebensätze sind (wie Hauptsätze) Aussage-, Aufforderungs- oder Fragesätze. Erkennungszeichen eines **abhängigen** Satzes (Nebensatz = Gliedsatz) ist eine unterordnende Konjunktion (**Subjunktion**), die ihn an einen übergeordneten Hauptsatz oder Nebensatz anschließt. Außer diesen Subjunktionen können **Fragewörter** (↗ S. 118) und **Relativpronomina** (↗ S. 26) einen Nebensatz mit dem übergeordneten Satz verbinden; sie leiten einen indirekten Fragesatz bzw. einen Relativsatz ein.

Lerntipp: Du erkennst Nebensätze auch daran, dass sie (wie im Deutschen) durch ein **Komma** abgetrennt werden.

Nebensätze können sämtliche Satzteile/Satzgliedteile aufweisen, über die ein Hauptsatz verfügen kann. In jedem Fall verfügen sie also über Subjekt und Prädikat. Man kann sie ebenfalls mit Hilfe eines grafischen Satzmodells (↗ S. 78) darstellen.

Beispiel:

Cōnsul nescīvit, cūr senātōrēs abessent.	Der Konsul wusste nicht, weshalb die Senatoren nicht anwesend waren.

Cōnsul	nescīvit,	cūr	senātōrēs	abessent.
Subjekt	Prädikat	Fragewort	Subjekt	Prädikat
Hauptsatz		Nebensatz/Gliedsatz		

Ordnet man Nebensätze nach der Satzfunktion, die sie im Verhältnis zum Hauptsatz ausüben, so kann man **Subjektsätze**, **Objektsätze**, **adverbiale Nebensätze** und **Attributsätze** unterscheiden.
Vergleiche dazu das folgende Beispiel.
Ein **indirekter Fragesatz** z. B. ist ein **Objektsatz**: Er ersetzt das Akkusativobjekt des übergeordneten Satzes. Der abhängige Satz (indirekte Fragesatz) „cūr senātōrēs abessent" hat insgesamt die Funktion des Akkusativobjekts von nescīvit.

Beispiel:

Quid cōnsul nescīvit?	**Was** wusste der Konsul nicht?
Nescīvit, **cūr senātōrēs abessent**.	Er wusste nicht, **weshalb die Senatoren abwesend waren**.

Zeitverhältnisse

In einem Satzgefüge (mindestens ein Haupt- und ein Nebensatz) lässt sich das Zeitverhältnis (↗ S. 114) zwischen über- und untergeordneten Sätzen genau bestimmen.

Lerntipp: Du solltest bei der Übersetzung daher sehr sorgfältig auf die Tempora der Prädikate achten, deren Verhältnis eine Gleichzeitigkeit, Vorzeitigkeit oder Nachzeitigkeit ausdrückt.

Zeitverhältnisse zwischen indikativischen Nebensätzen und ihrem übergeordneten Satz

- Sind die Tempora von Haupt- (bzw. übergeordnetem) Satz und Nebensatz gleich, liegt **Gleichzeitigkeit** vor.

Beispiel:
Audiō, dum cantātis. — Ich höre zu, während ihr singt.

- Bei **Vorzeitigkeit** des Nebensatzes werden folgende Tempora verwendet:

Hauptsatz	Nebensatz
Präsens	Perfekt ①
Vergangenheitstempus (Imperfekt, Perfekt, Plusquamperfekt)	Plusquamperfekt ②
Futur I	Futur II ③

Beispiele:

① Veniō, quia mē advocāvistī.	Ich komme, weil du mich herbeigerufen hast.
② Dominus cēnāvit, quamquam hospitēs nōn advēnerant.	Der Hausherr hat gegessen, obwohl die Gäste (noch) nicht angekommen waren.
③ Veniam, cum mē vocāveris.	Ich werde kommen, wenn du mich gerufen hast (wörtlich: wenn du mich gerufen haben wirst).

Zeitverhältnisse zwischen konjunktivischen Nebensätzen und ihrem übergeordneten Satz

Der **Konjunktiv** kann (je nach Subjunktion, ↗ S. 127) eine **Sinnrichtung** des Nebensatzes ausdrücken (z. B. kausal, konsekutiv, final usw.). Häufig weist er jedoch nur auf die **innerliche (grammatische) Abhängigkeit des Nebensatzes vom Hauptsatz** hin.

Das **Zeitverhältnis** zwischen einem Hauptsatz und einem Nebensatz im Konjunktiv ist im Lateinischen fest geregelt (so genannte Zeitenfolge: **Consecutio temporum**). Die Zeitenfolge richtet sich nach dem Tempus des übergeordneten Hauptsatzes. Präsens und Futur gelten dabei als „Haupttempora“, die Tempora der Vergangenheit als „Nebentempora“.

Haupttempus im Hauptsatz (Präsens oder Futur)		
Vorzeitigkeit	Gleichzeitigkeit	Nachzeitigkeit
Konjunktiv Perfekt ①	Konjunktiv Präsens ②	Partizip Futur Aktiv + sim, sīs, sit usw. ③

Zu den Nebentempora siehe die Angaben auf der folgenden Seite. Dort findest du auch Beispiele zu den Zeitverhältnissen.

Nebentempus im Hauptsatz (Perfekt, Imperfekt, Plusquamperfekt)		
Vorzeitigkeit	Gleichzeitigkeit	Nachzeitigkeit
Konjunktiv Plusquamperfekt ④	Konjunktiv Imperfekt ⑤	Partizip Futur Aktiv + essem, esses usw. ⑥

Beispiele:

Haupttempus im Hauptsatz:

① Nesciō, quis cantāverit.	Ich weiß nicht, wer gesungen hat. (Konjunktiv Perfekt im Nebensatz → Vorzeitigkeit)
② Nesciō, quis cantet.	Ich weiß nicht, wer singt. (Konjunktiv Präsens im Nebensatz → Gleichzeitigkeit)
③ Non dubitō, quīn ventūrus sit.	Ich bezweifle nicht, dass er kommen wird. (Umschreibung mit PFA + Konjunktiv Präsens von esse im Nebensatz → Nachzeitigkeit)

Ein **Nebentempus** im Hauptsatz hätte folgende Veränderungen im Nebensatz zur Folge:

④ Nescīvī, quis cantāvisset.	Ich wusste nicht, wer gesungen hatte. (Konjunktiv Plusquamperfekt im Nebensatz → Vorzeitigkeit)
⑤ Nescīvī, quis cantāret.	Ich wusste nicht, wer sang. (Konjunktiv Imperfekt im Nebensatz → Gleichzeitigkeit)

⑥ Non dubitāvī, quīn adventūrus esset.	Ich bezweifelte nicht, dass er ankommen würde. (Umschreibung mit Partizip Futur Aktiv + Konjunktiv Imperfekt von esse → Nachzeitigkeit)

Lerntipp: Die Consecutio temporum sieht komplizierter aus, als sie ist. Da die Nachzeitigkeit eher selten ist, musst du dir vor allem die Regeln zur Vorzeitigkeit und Gleichzeitigkeit einprägen, also folgende Zusammenhänge lernen:

Tempus im konjunktivischen **Nebensatz**	**Zeitverhältnis**
Konjunktiv **Präsens**	→ Gleichzeitigkeit
Konjunktiv **Perfekt**	→ Vorzeitigkeit
Konjunktiv **Imperfekt**	→ Gleichzeitigkeit
Konjunktiv **Plusquamperfekt**	→ Vorzeitigkeit

Abhängige Subjekt- und Objektsätze

Alle drei Arten von Hauptsätzen, also Aussage-, Wunsch- und Fragesätze (↗ S. 112), können auch als abhängige Nebensätze vorkommen. (Abhängige Wunschsätze werden auch als Begehrssätze bezeichnet.) Hierbei unterscheidet man Subjekt- und Objektsätze.

Beispiele:

Incertum erat, utrum flēret an rīdēret.	Es war nicht klar, ob er weinte oder lachte. (indirekter Fragesatz als Subjektsatz)
Optāmus, ut rēs bene ēveniat.	Wir wünschen, dass die Sache gut ausgeht. (Wunschsatz/Begehrssatz als Objektsatz)

Abhängige Aussagesätze

Beachte: Im Gegensatz zum Deutschen werden abhängige Aussagen (als Subjekt- oder Objektsätze) im Lateinischen fast immer als **AcI** formuliert (↗ S. 94). Sie bilden daher einen Teil des Hauptsatzes (↗ AcI als „satzwertige" Konstruktion).

Wird im Nebensatz jedoch eine Tatsache angeführt, über die im Hauptsatz ein **Urteil** gefällt wird, leitet ihn die Subjunktion **quod** – dass ein. Das Prädikat des Nebensatzes steht im Indikativ.

Beispiel:

Quod amīcī absunt, doleō.	Es schmerzt mich, dass die Freunde nicht da sind (wörtlich: abwesend sind).

Abhängige Begehrssätze

Ein Verb, das einen Wunsch oder eine Aufforderung enthält, leitet einen abhängigen Wunschsatz (Begehrssatz) ein (z. B. **optāre** – wünschen, **rogāre** – bitten, **postulāre** – fordern).

Einleitende Subjunktionen sind: **ut** – dass; verneint: **nē** – dass nicht.

Beispiel:

Caesar cūrāvit, nē senātus sibī dētrīmentō esset.	Caesar sorgte dafür, dass ihm der Senat keinen Schaden zufügte.

Beachte: Besteht das Prädikat des Hauptsatzes aus einem Verb, das eine **Befürchtung** ausdrückt (**timēre** – fürchten, **cavēre** – sich hüten u. a.), so bedeutet die Subjunktion **nē** – dass, **nē nōn** (oder **ut**) – dass nicht. Dies gilt auch für **impedīre** – hindern und **prōhibēre** – abhalten, verbieten.

Abhängige Fragesätze

Indirekte Fragesätze werden im Konjunktiv formuliert und folgen den Regeln der Consecutio temporum (Zeitenfolge, ↗ S. 123). Sie werden von Fragewörtern (↗ S. 118) eingeleitet.

Beispiel:

Amīcum interrogāvī, unde venīret. — Ich fragte den Freund, woher er kommt/komme.

Adverbiale Nebensätze

Adverbiale Nebensätze bilden eine der häufigsten und vielfältigsten Nebensatzarten. Du findest dabei eine Reihe von adverbialen Bestimmungen wieder, die dir schon beim Lernen der semantischen Funktionen des Ablativs begegnet sind (des Ortes, der Zeit usw., ↗ S. 89).

Beachte: Einige **Subjunktionen** haben mehrere Bedeutungen. Dies ist besonders bei **cum** und **ut** der Fall (vergleiche die folgende Tabelle). Hier musst du bei der Übersetzung den Textzusammenhang genau beachten!

Die folgende Tabelle zeigt die adverbialen Nebensatzarten im Überblick, bevor sie anschließend näher erläutert werden.

Einleitende Subjunktion + Modus (Indikativ oder Konjunktiv)	**Adverbialer Nebensatz**
ubī, unde, quō + Indikativ – wo, woher, wohin	Lokalsatz (des Ortes)
cum + Indikativ – als, (immer) wenn **cum** + Konjunktiv – als, nachdem **postquam** + Indikativ – nachdem **dum** + Indikativ – während, so lange (bis) **antequam**, **priusquam** + Indikativ /+ Konjunktiv – bevor **ubī/ut** (primum) + Indikativ – sobald	Temporalsatz (der Zeit)
cum + Indikativ – indem, wobei **cum** + Konjunktiv – indem	Modalsatz (der Art und Weise)

Einleitende Subjunktion + Modus (Indikativ oder Konjunktiv)	**Adverbialer Nebensatz**
cum + Konjunktiv – weil **quod/quia** + Indikativ – weil	Kausalsatz (des Grundes)
ut + Konjunktiv – damit **nē** + Konjunktiv – damit nicht	Finalsatz (des Zweckes)
ut + Konjunktiv – (so)dass **ut nōn** + Konjunktiv – (so)dass nicht	Konsekutivsatz (der Folge)
cum + Konjunktiv – obwohl **quamquam/etsī** + Indikativ – obwohl, auch wenn	Konzessivsatz (der Einräumung)
cum + Konjunktiv – während (dagegen)	Adversativsatz (des Gegensatzes)
sī + Indikativ/Konjunktiv – wenn, falls **nisī** + Indikativ/Konjunktiv – falls nicht **sīve ... sīve** + Indikativ/Konjunktiv – sei es dass ... oder dass	Konditionalsatz (der Bedingung)
ut ... (ita/sīc) + Indikativ – wie ... (so) **tantus ... quantus** + Indikativ – so groß ... wie **quō ... eō** + Indikativ – je ... desto	Komparativsatz (des Vergleichs)

Lokalsätze (Ort)

Lokalsätze geben einen Ort, eine Herkunft oder eine Richtung an und sind daher Adverbialsätze. Sie ähneln Relativsätzen, weil man oft ein Bezugswort im übergeordneten Satz ergänzen kann.

Beispiel:

Saepe Cicerō (eō) redībat, ubī nātus erat.	Cicero ging oft (dahin) zurück, wo er geboren war.

Temporalsätze (Zeit)

Temporalsätze geben einen zeitlichen Vorgang im Verhältnis zum übergeordneten Satz an (zu den Zeitverhältnissen vergleiche S. 122). Die Verwendung des **Indikativs** oder des **Konjunktivs** ist abhängig von der **Subjunktion** (↗ S. 127).

Beispiele:

Cum equitēs Germānōrum advenīrent, Gallī valdē territī sunt.	Als die Reiter der Germanen erschienen, erschraken die Gallier sehr.
Postquam amīcī advēnērunt, Marcus eōs salūtāvit.	**Nachdem** die Freunde angekommen **waren**, begrüßte Markus sie.

Die Subjunktion **postquam** mit einem Prädikat im Indikativ **Perfekt** drückt die **Vorzeitigkeit** aus. Steht der Hauptsatz bereits in der Vergangenheit, muss daher im Deutschen mit dem **Plusquamperfekt** übersetzt werden.
Die Subjunktion **dum** mit der Bedeutung **„während"** kommt mit einem Prädikat im **Indikativ Präsens** auch dann vor, wenn der zugehörige Hauptsatz in der Vergangenheit steht. Da sie die **Gleichzeitigkeit** ausdrückt, muss dieses Präsens bei einem Vergangenheitstempus im Hauptsatz mit einem Präteritum übersetzt werden.

Beispiel:

Senātōrēs attentī fuērunt, dum cōnsul ōrātiōnem habet.	Die Senatoren waren aufmerksam, während der Konsul eine Rede **hielt**.

Modalsätze (Art und Weise)

Die Subjunktion **cum** leitet auch Nebensätze mit modalem Sinn ein. Mit Indikativ drückt cum ein bloßes zeitliches Zusammenfallen zweier Vorgänge aus (Bedeutung: wobei). Bei einem Konjunktiv gibt cum zudem die Umstände an, unter denen eine Tätigkeit ausgeführt wird (Bedeutung: indem).

Beispiel:

Pontifex templum relīquit, cum dīceret ...	Der Priester verließ den Tempel, indem er sagte ...

Beachte: Auch hier musst du die Sinnrichtung der Subjunktion **cum** erst aus dem Textzusammenhang erschließen.

Kausalsätze (Grund)

Die Subjunktion **cum** (mit Konjunktiv) wird nicht nur temporal und modal, sondern häufig auch kausal verwendet.
Mit Indikativ kommen vor: **quod** und **quia** (da, weil).

Beispiele:

Cum tempus mē dēficiat, mihī proficīscendum est.	Weil mir die Zeit fehlt, muss ich aufbrechen.
Quia pluit, domī māneō.	Da es regnet, bleibe ich zu Hause.

Finalsätze (Zweck)

Die häufigste Subjunktion ist das finale **ut** (damit), verneint **nē** (damit nicht), beide mit Konjunktiv.

Beispiel:

Librum tibī dō, ut legas.	Ich gebe dir ein Buch, damit du (es) liest.

Die **Übersetzung** des Finalsatzes wird im Deutschen besser klingen, wenn du ihn durch einen (erweiterten) Infinitiv, also durch eine Konstruktion mit „um ... zu", ersetzt. Voraussetzung ist dabei, dass das Subjekt im übergeordneten Satz auch das Subjekt des Nebensatzes ist.

Beispiel:

Multī in forō ambulant, ut spectentur.	Viele gehen auf dem Forum spazieren, um gesehen zu werden.

Beachte: Nach Verben, die eine Befürchtung ausdrücken, hat die Subjunktion **nē** die Bedeutung **„dass"** (↗ S. 126).

Beispiel:

Ulixēs timuit, nē patriam numquam revīseret.	Odysseus fürchtete, dass er sein Vaterland niemals wieder sehen würde.

Konsekutivsätze (Folge)

Als Signalwort findest du **ut** (sodass), verneint **ut nōn** (sodass nicht) mit einem Prädikat im Konjunktiv, das sich allerdings häufig nicht nach der Zeitenfolge (↗ S. 122) richtet.

Lerntipp: Konsekutivsätze werden im vorausgehenden Hauptsatz oft durch hinweisende Adverbien, Adjektive oder Pronomina angekündigt. Vor allem sind dies die Wörter **sīc**, **ita**, **tam** (so), aber auch **tālis** (so beschaffen) und ebenso **tantus,a,um** (so groß).

Beispiel:

Sōcratēs **tam** sapiēns erat, **ut** Athēniensēs sapientiam eius aegrē ferrent.	Sokrates war so weise, dass seine Weisheit die Athener ärgerte.

Konzessivsätze und Adversativsätze

Konzessivsätze geben ein Zugeständnis oder eine Einräumung wieder. Häufige Subjunktionen sind **cum** (obwohl, obgleich, mit Konjunktiv) und **quamquam** (obwohl, mit Indikativ), seltener finden sich **etsī** (auch wenn, mit Indikativ) und **licet** (mag auch, mit Konjunktiv).

Beispiel:

Cum omnia scīrent, (tamen) discipulī tacuērunt.	Die Schüler schwiegen, obwohl sie alles wussten.

Cum (während, dagegen; mit Konjunktiv) kann ebenfalls eine adversative (gegensätzliche) Sinnrichtung ausdrücken.

Beispiel:

Catilina rēbus novīs studēbat, cum rēs pūblica Cicerōnī cōnsulī cūrae esset.	Catilina plante den Umsturz, während der Konsul Cicero sich um den Staat sorgte.

Konditionalsätze (Bedingung)

Konditionale Nebensätze bilden mit dem dazugehörigen Hauptsatz eine Einheit. Aus der im Nebensatz formulierten Bedingung folgt die Aussage des Hauptsatzes (wenn ... → dann ...).

Dem Sprecher bietet sich im Lateinischen die Möglichkeit, den **Wirklichkeitsbezug** dieses Bedingungsgefüges genauer als im Deutschen zu formulieren. Man unterscheidet **Realis, Potentialis und Irrealis**.

- Geht der Sprecher davon aus, dass sich Bedingung und Folge **tatsächlich** einstellen werden, wählt er den **Indikativ** (oft mit Futur I im Hauptsatz und Futur II [vorzeitig] im Nebensatz). Dieser Wirklichkeitsbezug wird als **Realis** bezeichnet.

Beispiel:

Sī navem Rōmānam aspēxerō, clāmābō.	Wenn ich ein römisches Schiff erblicke (wörtl.: erblickt haben werde), werde ich laut rufen.

- Wird jedoch davon ausgegangen, dass sich Bedingung und Folge **möglicherweise** einstellen, wird der **Konjunktiv Präsens** oder **Perfekt** (ohne Bedeutungsunterschied!) gewählt. Diesen Wirklichkeitsbezug nennt man **Potentialis** (Möglichkeitsform).

Beispiel:

Sī navem Rōmānam aspiciam, beatus sim.	Wenn ich ein römisches Schiff sehen sollte, bin ich glücklich.

Beachte: Im Deutschen kann der Potentialis auch durch Indikatoren (eventuell, möglicherweise) verdeutlicht werden.

- Geht der Sprecher davon aus, dass sich Bedingung und Folge **nicht verwirklichen** lassen, nennt man den Wirklichkeitsbezug **Irrealis**. Du erkennst dies am **Konjunktiv Imperfekt** (Irrealis der Gegenwart) oder am **Konjunktiv Plusquamperfekt** (Irrealis der Vergangenheit). Eine Kombination beider Varianten des Irrealis kann vorkommen.

Beispiele:

Sī navem Rōmānam aspicerēmus, nōs omnēs laetī essēmus.	Wenn wir ein römisches Schiff sähen, wären wir alle fröhlich. (Irrealis der Gegenwart, Konjunktiv Imperfekt)
Sī navem Rōmānam aspēxissēmus, beatī fuissēmus.	Wenn wir ein römisches Schiff erblickt hätten, wären wir fröhlich gewesen. (Irrealis der Vergangenheit, Konjunktiv Plusquamperfekt)

Komparativsätze (Vergleich)

Komparativsätze werden von korrelativen (eine Entsprechung bzw. einen Vergleich ausdrückenden) Subjunktionen eingeleitet, da meist Aussagen zweier Sätze miteinander verglichen werden. Der **Modus** der Komparativsätze ist der **Indikativ**.

Beispiel:

Quō turpius est scelus, eō gravius pūniendum est.	Je schwerer ein Verbrechen ist, desto härter ist es zu bestrafen.

Relativsätze

Relativsätze sind generell Attributsätze. Sie werden durch Relativpronomina (↗ S. 26) mit einem Wort des Hauptsatzes verbunden (Bezugswort). Zwischen diesem Bezugswort und dem Relativpronomen besteht Kongruenz (↗ S. 80) in Numerus und Genus.

Der **Kasus** des Relativpronomens richtet sich nach seiner Satzfunktion im Nebensatz.

Beispiel:

Herī vīlicum vīllae tuae, quam nūper ēmistī, vīdī.	Gestern habe ich den Verwalter deines Landhauses, das du neulich gekauft hast, gesehen.

Das Bezugswort des Relativpronomens **quam** ist **vīllae** (Femininum Singular), **quam** hat hier die Satzfunktion eines (Akkusativ-)Objekts.

Der **Modus** der Relativsätze ist der Indikativ oder der Konjunktiv. Sofern das Prädikat des Relativsatzes **im Konjunktiv** steht, wird ein **Nebensinn** ausgedrückt, der kausal, final, konsekutiv oder konzessiv sein kann.

Beispiele:

Rōmānī lēgātōs ad sociōs mīsērunt, quī frūmentum peterent.	Die Römer schickten Gesandte zu den Verbündeten, die Getreide fordern **sollten** (= **damit** sie Getreide forderten: finaler Nebensinn: Zweck).
Quis nōn hominēs nōvit, quī semper tempus sibī dēesse putent?	Wer kennt nicht Leute, die immer glauben, keine Zeit zu haben? (Menschen, die so beschaffen sind, dass ...: konsekutiver Nebensinn: Folge)

Verschränkter Relativsatz

Relativsätze können sehr eng mit anderen Konstruktionen, beispielsweise einem AcI, NcI, Pc oder mit einem Nebensatz (z. B. einem indirekten Fragesatz), verknüpft werden. Diese Verschränkung lässt sich im Deutschen oft nur frei wiedergeben.

Beispiel:

Nōnne Germānī, quōs ā Rōmānīs saepe petītōs esse scīmus, tandem lībertātem servāre potuērunt?	Haben denn die Germanen, die, wie wir wissen, von den Römern oft angegriffen worden waren, schließlich nicht ihre Freiheit bewahren können?

Hier sind zwei Sätze miteinander verknüpft, die du zuerst getrennt erfassen solltest:

① Nōnne Germānī tandem lībertātem servāre potuērunt?	Haben denn die Germanen schließlich nicht ihre Freiheit bewahren können?
② Germānōs ā Rōmānīs saepe petītōs esse scīmus.	Wir wissen, dass die Germanen von den Römern oft angegriffen wurden.

Der zweite Satz wird dem ersten als Relativsatz untergeordnet. Dabei wird die Form Germānōs durch das Relativpronomen quōs ersetzt.

Relativischer Satzanschluss

Erscheint ein Relativpronomen an der Spitze eines Hauptsatzes, so bezieht es sich auf ein Wort im vorhergehenden Satz. Übersetzt wird ein solcher **relativischer Satzanschluss**, indem die Form des Relativpronomens (quī, quae, quod, ↗ S. 26) als **Demonstrativpronomen** übersetzt wird.

Beispiel:

Magister **discipulōs** incītāvit. **Quōrum** diligentia tandem tam magna erat, ut ā magistrō laudārentur.	Der Lehrer spornte seine **Schüler** an. **Deren** (ihr) Eifer war schließlich so groß, dass sie vom Lehrer gelobt wurden.

Der relativische Satzanschluss kann ebenfalls Teil einer satzwertigen Konstruktion (Abl. abs, AcI, Gerundivum) am Beginn des Hauptsatzes sein.

Beispiel:

Quibus verbīs dictīs Caesar concilium dīmīsit.	Nach diesen Worten (nachdem diese Worte gesprochen worden waren), entließ Caesar die Versammlung.

Oratio obliqua (indirekte Rede)

Die indirekt wiedergegebene Rede wird als Oratio obliqua bezeichnet. Sie enthält in geraffter Form die in einer direkten Rede vorgetragenen Gedanken. Aussagesätze erscheinen in ihr als AcI. Aufforderungs- und Fragesätze sowie die Prädikate der **Nebensätze** stehen in der Regel im **Konjunktiv**, der die Ungewissheit des indirekt Wiedergegebenen ausdrückt. Es gelten die Regeln der Consecutio temporum (zur Zeitenfolge ↗ S. 123).

Beachte: Reflexivpronomina (↗ S. 22), die im AcI bzw. in den Nebensätzen der Oratio obliqua vorkommen, können sich sowohl auf das Subjekt des übergeordneten Satzes beziehen als auch auf das Subjekt des Nebensatzes oder des AcI.

Beispiel:

Cōnsul senātōribus dīxit sē lēgātōs sociōrum accēpisse, quamquam superbē sē **gessissent**.	Der Konsul sagte den Senatoren, dass er die Gesandten der Verbündeten empfangen habe, obwohl sie sich arrogant benommen hätten.

Das zweite **sē** bezieht sich in diesem Fall auf die Gesandten als Subjekt des Nebensatzes, **quamquam** steht hier in der indirekten Rede nicht wie sonst mit dem Indikativ (↗ S. 128), sondern mit dem Konjunktiv.

Tipps für die Übersetzung

Je länger und komplizierter lateinische Sätze sind, desto schwieriger wird es, bei der Übersetzung den Überblick zu behalten. Die folgenden Tipps geben dir Hilfen, wie du auch solche Sätze „in den Griff bekommen" kannst.

Beachte: Die Übersetzung wird schneller und besser funktionieren, wenn du die **Formenlehre**, also die Endungen von Nomina und Verben, sicher beherrschst. Nur dann kannst du die zusammengehörenden Wörter erkennen.
Außerdem solltest du die wichtigsten **lateinischen Konstruktionen** mit den dazugehörigen „Übersetzungsrezepten" kennen. Dies sind vor allem der **AcI** (↗ S. 98), der **Abl. abs.** (↗ S. 106) und das **Participium coniunctum** (↗ S. 103), ferner der NcI (↗ S. 100) und die -nd-Konstruktionen (↗ S. 108).

I. Vor der Übersetzung

- Mache dir den **Zusammenhang** klar. Besonders wenn ein Satz mitten in einem Text steht, solltest du vor der eigentlichen Übersetzung noch einmal den vorhergehenden Satz und den gesamten Zusammenhang betrachten: Welche Informationen wird der neue Satz vermutlich (ungefähr) enthalten? Unterstreiche Namen und Wortgruppen, deren Sinn du auf Anhieb verstehst.

- Suche dir bei **unbekannten Vokabeln** die Bedeutungen heraus, die dir in den Zusammenhang zu passen scheinen, und schreibe sie unter den Text. Das spart Zeit, da du bei der Übersetzung nicht ständig wieder von vorne anfangen musst.

II. Die Übersetzung

Bei dem folgenden „Übersetzungsrezept“ wird der Aufbau lateinischer Satzgefüge von seinem Kern her (dem Hauptsatz mit seinem Prädikat) schrittweise nachvollzogen. Sieh dir die folgenden vier Schritte genau an. Auf den Seiten 139 – 141 geben wir ein Beispiel zu dieser Methode.

1. Trenne bei Satzgefügen zuerst den **Hauptsatz** von den **Nebensätzen**. Nebensätze haben alle ein eigenes Prädikat und enthalten (meist an erster Stelle) eine Subjunktion (*cum*, *ut*, *postquam* usw. ↗ S. 77, 127 – 128), ein Relativpronomen, ein Fragepronomen (↗ S. 26) oder ein anderes Fragewort (↗ S. 116 – 118).
2. Bestimme und übersetze **Prädikat** und **Subjekt** des Hauptsatzes (auf Kongruenz achten!, ↗ S. 80). Das Subjekt kann auch im Verb enthalten sein.
3. Übersetze die weiteren Teile (**Objekte** und **adverbiale Bestimmungen**) des Hauptsatzes. Wortblöcke, die eine Einheit bilden, sind oft bereits durch die Zeichensetzung markiert. Besonders wichtig: Gibt es einen AcI, einen Abl. abs. oder ein Participium coniunctum?
4. Wenn es **mehrere Nebensätze** gibt, bestimme zunächst die Grade ihrer Abhängigkeit. Übersetze dann jeweils nach dem einleitenden Wort (Subjunktion, Relativpronomen usw.) das Subjekt (es *kann* das des Hauptsatzes oder übergeordneten Nebensatzes sein), danach das Prädikat und die übrigen Teile des Satzes (Objekte und adverbiale Bestimmungen).

III. Abschließende Überprüfung

- Überprüfe zuerst, ob **alle** lateinischen Wörter in deiner Übersetzung berücksichtigt sind (Wort für Wort wegstreichen!).
- Die Übersetzung ist frühestens dann abgeschlossen, wenn du selbst glaubst, einen **grammatisch korrekten** und **sinnvollen** deutschen Text mit korrekter Wortstellung vor dir zu haben. Ist dies nicht der Fall, dann stelle dir folgende Fragen (diese

„Checkliste“ ist auch bei Klassenarbeiten anwendbar):
- Sind alle **Endungen richtig bestimmt** und die **zusammengehörenden Wörter erkannt** worden?
- Sind alle **Kongruenzregeln** (↗ S. 80) beachtet worden?
- Hast du für alle **Vokabeln** eine Übersetzung gewählt, die gut in den Zusammenhang passt? (Viele lateinische Wörter haben mehrere deutsche Bedeutungen!)

- Am Ende sollte ein Text **in gutem Deutsch** stehen, der möglichst nicht mehr „nach Übersetzung“ klingt. Traue dich dann ruhig an eine **freiere Wiedergabe**! Wichtig ist allerdings, dass du zunächst die grammatische Struktur des lateinischen Textes verstanden hast. In Klassenarbeiten kannst du z. B. eine wörtliche Übersetzung in Klammern hinzufügen.

Das folgende Beispiel stammt aus C. Julius Caesars „Bellum Gallicum“, das in vielen Schulen die erste lateinische Originallektüre nach der Arbeit mit dem Übungsbuch ist. Den Satz übersetzen wir genau nach den oben beschriebenen vier Schritten. Versuche jeden Schritt genau nachzuvollziehen. Danach wird es dir leichter fallen, dieses „Rezept“ bei deinen eigenen Übersetzungen anzuwenden.

Beispiel:
Zusammenhang: Caesar ist mit seinem Heer in ein unbekanntes Gebiet Galliens gezogen und hat sich zunächst über Land und Bewohner informiert. Der nächste Satz lautet:
Hīs rēbus cognitīs explōrātōrēs praemittit, quī locum castrīs idōneum dēligant.

1. Zunächst muss der **Hauptsatz** gefunden werden. Als **Nebensatz** lässt sich ein Relativsatz mit einleitendem quī ausmachen. Er wird später übersetzt.

2. Das **Prädikat** des Hauptsatzes erfordert ein **Subjekt** im Singular (3. Person, praemitti**t**; praemittere – vorausschicken). Da sich kein Wort im Nominativ Singular ausmachen lässt, ist das Subjekt offenbar im Prädikat enthalten (Caesar, von dem zuvor die Rede war). Also: *Er schickt voraus.*

3. Das Prädikat verlangt ein Akkusativobjekt (Wen schickt er voraus?). Hier kommt nur die Form explōrātōrēs (Kundschafter) in Frage. Also: *Er schickt Kundschafter voraus.*
Die ersten drei Wörter weisen alle die Endung -īs bzw. -bus auf, sie stehen also im Dativ oder Ablativ Plural (cognitīs ist Partizip Perfekt Passiv von cognōscere – erkennen). Ein Dativ gäbe wenig Sinn: *Caesar schickt diesen erkannten Dingen voraus.* Näher liegt, gerade bei einem Substantiv und einem Partizip, ein Ablativus absolutus (↗ S. 104). Nach dem „Übersetzungsrezept" übersetzen wir zunächst temporal (vorzeitig): *Nachdem diese Dinge erkannt worden sind.*
Da wir aus dem Zusammenhang (s. o.) wissen, dass Caesar selbst es war, der sich informiert hat, lässt sich der Ablativus absolutus ins Aktiv umwandeln (↗ S. 108). Und da es sich bei der Form praemittit um ein historisches Präsens handelt (↗ S. 114), übersetzen wir es als Präteritum und müssen folglich auch die Vorzeitigkeit des Abl. abs. durch das Plusquamperfekt wiedergeben: *Nachdem er diese Dinge erkannt hatte, schickte er Kundschafter voraus.*

4. Zum Nebensatz: Das Relativpronomen quī kann Nominativ Maskulinum Singular oder Plural sein (↗ S. 26); da das Prädikat im Plural steht (dēligant; dēligere – aussuchen), ist quī hier Nominativ Maskulinum Plural. Als Bezugswort im Hauptsatz kommt damit nur explōrātōrēs in Frage. Das Prädikat im Konjunktiv verweist auf einen Nebensinn (↗ S. 134). Da wir den Inhalt des Relativsatzes noch nicht kennen, übersetzen wir zunächst mit dem Indikativ. Also: *(Kundschafter), die aussuchen.*
Das Prädikat verlangt einen Akkusativ: Hier kommen nur locum und idōneum in Frage. Idōneus (geeignet) verlangt eine Ergänzung im Dativ. Hier bleibt nur das Wort castrīs (castra,ōrum n., Pluralwort! – das Lager). Also: ..., *die einen für ein Lager geeigneten Platz aussuchen.*
Von den Möglichkeiten, einen konjunktivischen Relativsatz zu übersetzen (↗ S. 134), scheint uns der **finale** Nebensinn am sinnvollsten (also: *die ... aussuchen **sollten***), da Caesar die Kundschafter ja zu einem bestimmten Zweck schickt.

Somit ist der gesamte Satz analysiert und übersetzt. In Klammern geben wir Vorschläge für eine freiere Übersetzung: *Nachdem er diese Dinge (dies) erkannt (in Erfahrung gebracht) hatte, schickte er Kundschafter voraus, die einen für das Lager geeigneten Ort aussuchen sollten.*

Stichwortverzeichnis

Ablativ
– auctoris 112
– bei Deponentien 89
– causae 90
– comparationis 91
– instrumenti 89
– limitationis 90
– loci 91
– modi 90
– qualitatis 92
– separativus 90
– temporis 92
Ablativus absolutus als satzwertige Konstruktion 104
– geschlossene Wortstellung 105
– nominaler 105
– Übersetzungsrezept 106
– Zeitverhältnisse 105
Abhängigkeit, grammatische, zwischen Haupt- und Nebensatz 123
AcI als satzwertige Konstruktion 95
– Reflexivität 98
– Übersetzungsmöglichkeiten 100
– Übersetzungsrezept 98
– Verbgruppen mit AcI 97
– Zeitverhältnisse 96
Adhortativ 119
Adjektive, unregelmäßige Steigerung 19
– mit Genitivus obiectivus 84
Adverbiale Bestimmung 82
Adversativsätze 131
Akkusativ, Objekt 87
– der Richtung 88
– der zeitlichen und räumlichen Ausdehnung 89
– Doppelter 88
– mit Infinitiv ↗ AcI
Aktionsarten 114
Apposition 81
Artikel 9, 77
Attribut, adjektivisches 81
– Genitivattribut 83
Aspekte 114, 115
Aussagesätze 112 , 116, 126

Begehrsätze, abhängige 126

Consecutio temporum 123, 124
– Übersicht 125

Dativ, Objekt 85
– auctoris 110
– commodi/incommodi 86
– Doppelter 86
– finalis 89
– possessivus 87
Deklinationen, Einteilung 9
– Formenbildung 10
Deliberativ 117
dum, Verwendung der Subjunktion 129

Elativ 17

Finalsätze 130
– Übersetzung mit erweitertem Infinitiv 130
Fragen, Entscheidungs- bzw. Satzfragen 116
– Wort- bzw. Ergänzungsfragen 166
Fragesätze 112, 116
– im Konjunktiv 117
– indirekte 121, 126
Fragepartikeln 117
– Doppelfragen 116
– Fragewörter 116-118
Futur II, Übersetzung 114

Genitivus partitivus 83
– obiectivus 84
– qualitatis 85
– possessivus 83, 87
– subiectivus 84
Genus verbi, Veränderung der Perspektive 112
– Bezeichnung des Täters beim Passiv 112
Gerundium, Form 73
– im Akkusativ mit Präposition 109
– vergleichende Gegenüberstellung mit dem Gerundivum 109
– Verwendung 109
Gerundivum, Form 74
– als Prädikatsnomen mit Dativus auctoris 110
– Deponentien im Gerundivum 111
– in attributiver Funktion 110
– Übersetzung der verneinten Form 111
– unpersönlich konstruiert 110
– vergleichende Gegenüberstellung mit dem Gerundium 109
– Verwendung 110
Geschlossene Wortstellung
– beim Pc 103
– beim Abl. abs. 105

Hauptsätze, Einteilung in Hauptsatzarten 112
Hortativ 119

Imperativ 33
– der Deponentien 69
Indefinitpronomen
– als Substantiv 27
– als Adjektiv 27
Indirekter Fragesatz (als Objektsatz) 121
Infinitiv 30
– als Objekt 94
– als Subjekt 93
Interrogativpronomen
– als Attribut 27
– als Pronomen 27
– Verwendung bei Wortfragen 16
Irrealis 132
Iussiv 119

Kardinalia 28
– Deklination 29
Kausalsätze 130
Komparativ der Adjektive 17
– Deklination 18
Komparativsätze 133
Kompositum 31
– von esse 58
– von ferre 66
– von ire 64
Konditionalsätze 132
– Wirklichkeitsbezug 132
Kongruenz 80

Konjugation, Einteilung in Klassen 33
Konjunktion, koordinierend 76
Konjunktiv, Übersetzung 119
Konsekutivsätze 131
– hinweisende Wörter 131
Konzessivsätze 131

Lokalsätze 128
Lokativ 91

Modalsätze 129
Modi im Hauptsatz 113

Nebensätze 120–136
NcI als satzwertige Konstruktion 100
– Verben mit NcI 100
Negationspartikel 116
Nomen, Erkennen des Stammes 10
Nominativ, Satzfunktion 83
– mit Infinitiv ↗ NcI
Nominaler Abl. abs. 105

Optativ 119
– Übersicht 120
Oratio obliqua (indirekte Rede) 136
– Reflexivität 136
Ordinalia 28
– Deklination 29

Partizip, Bildungsweise 72–73
– als Prädikatsnomen 101
– prädikativ siehe Pc 102–104
– Verwendung als Attribut 101
Participium coniunctum siehe Pc
Pc 102–104
– Zeitverhältnisse 102
– Bezugswort 103
– geschlossene Wortstellung 103
– Sinnrichtungen 103
– Übersetzung mit präpositionaler Wendung 104
– Übersetzungsmöglichkeiten 103
Passiv
– Perspektive 112
– mediales 113
– Übersetzung mit reflexivem Ausdruck 113
– unpersönlich übersetzt 113
Perfekt
– Bildungsarten 49
– Aktionsarten und Aspekte 115
– als Erzähltempus 115
Personalendungen 32
Perfektstamm 49
postquam, Zeitverhältnis 129
Potentialis 117
– im konditionalen Satzgefüge 132
Prädikat, verbales 79
– nominales 79
Prädikativum 82
Prädikatsnomen 79
– im AcI 97
– Kongruenz 80
Präfix 31
Präposition 92
– mit Ablativ 92
– mit Akkusativ 93
Präsens, historisches 114
Prohibitiv 119
Pronominaladjektive 25

Realis 132
Relativpronomen 26
– beim relativischen Satzanschluß 135

– Verwendung im Relativsatz 133
Relativsätze 133
– verschränkte 134
Relativischer Satzanschluss 135
Reflexivpronomen 22
– im AcI 98

Satzfunktionen, Übersicht 77
Satzmodell 78
Simplex 31
Sinnrichtung beim Pc 103
– bei mehrdeutigen Subjunktionen 127
Stammformen 31, 50, 73
Subjekt 80
Subjektsakkusativ (im AcI) 95
Subjunktionen 77
– Funktion 120
– mehrdeutige 127
– Übersicht 127
Superlativ 17
– Deklination 18
Supinum, Form 75
– Verwendung und Übersetzung 111

Temporalsätze 129
Textzusammenhang (bei der Übersetzung) 137
– bei Reflexivpronomina im AcI 98

Übersetzung, Tipps 137
– Checkliste 139
– des Abl. abs. 106
– des AcI 98
– des Pc 103
– freiere 141
– grammatisch korrekt in sinnvollem Deutsch 138
– „Rezept" 138

Verben, Bestandteile der flektierten Form 30
– abweichend vom Deutschen intransitive 86
– abweichend vom Deutschen transitive 87
– Infinitiv 30
– konjugierte Form 76, 79
– Nominalkonstruktionen 93
– Nominalformen 71
– „unregelmäßige" 55
Vokativ 9
– der o-Deklination 12

Wunschsätze 118
– abhängige (indirekte) 126
Wirklichkeitsbezug 116
– bei Konditionalsätzen 132
Wortarten, Gebrauch im Satz 76
– Übersicht 77

Zahladverbien 29
Zahlen, zusammengesetzte 29
Zahlwörter 28
Zeitenfolge siehe Consecutio temporum 123, 124
Zeitstufen 114
Zeitverhältnis
– beim Abl. abs 105
– beim AcI 96
– beim Pc 102
– in indikativischen Nebensätzen 122
– in konjunktivischen Nebensätzen (Consecutio temporum) 123